自治体 予算要求の実務

実践から新たな
仕組みづくりまで

吉田 博・小島卓弥 [著]

学陽書房

──◇──

　本書は、予算要求をする側から、制度の実態と課題、今後の展望を明らかにし、予算要求の現場で実践に役立つ書としてまとめました。

──◇──

まえがき

　厳しい財政状況、少子高齢化、公共施設の老朽化、人口減少と山積する課題。行政は、失点をしないが得点も少ない守備重視型の慎重姿勢のところが少なくないように見える。

　行政は、今の時代の変化をきちんと捉えきれているだろうか。日本各地でまちの再生に呻吟する声が聞こえる。この中でも、しっかりと地域に根のはった施策を展開している自治体もあり、そうでないところとの差が開いている。

　地方創生は、もっと自治体が外に開かれ、関係者の力が結集する契機にしていかなければならないのではないか。

　しかし、財源は限りがある。そこで、昔のような成長するパイの配分ではなく、その配分の仕方を変える必要があるが、多様な意見に遭遇して、行政が立ち往生するケースも出てくる。

　戦略は常に現在を起点に新たな未来を描き続けることである。

　このためには自治体の予算に新たな光を当てることが重要となる。予算は多様な利害関係の調整、政策の実現であり、限られた財源の配分を目的とする。そうすると「継続性」を保った方が、安定性があり、「大多数の理解が得やすい」。しかし、時にはこの「継続性」が、新しい時代の扉を開けづらくしていることはないだろうか。

　また、予算要求、査定においては事務事業単位で実施されている。行政評価や行財政改革も原則的に同様である。予算に計上されなければ議論の俎上にのぼらない。予算事業ありきで、細切れの事業となり、それらを所管する組織単位での経営の考え方は希薄になっている

ようだ。予算編成、予算要求の事務は、相変わらず繁忙を極める筆頭である。

　また、組織の運営、職員の意識といった数字にあらわれないことについては、よく見えない。

　この一方、一つの不祥事が行政運営に大きな影響を及ぼすことがある。

　これまで、自治体の予算に関しては、制度論という形で、すでに出来上がった仕組みとして、解説や手順書などが示されてきた。この中で、拙著『自治体の予算要求　考え方、つくり方』において、自治体の予算の生の姿について、それも、査定する側ではなく、主に要求をする側から、制度の課題と今後の展望について明らかにした。その後、予算要求する立場の職員の方々から、もっと予算要求の現場を念頭においた実践に役立つ書としてまとめて欲しいという声をいただき、また、最近は、市民からの行政への期待と監視が強まり、従来型の方法の限界もみえてきたことなどから、新たに、本書をまとめることにしたものである。さらに、政府の予算編成の項を設けたが、これを鏡にして、自治体の課題をより浮き彫りにできるようになったと考えている。

　様々な使い方ができるように留意したので、多くの公務員や様々な活動を行っている市民の方に活用していただくことを期待している。

平成28年1月　吉田　博

目次

まえがき ………………………………………………………………………… 3

第1章　地方を取り巻く状況

1　自治体の力が問われる ……………………………………………… 12
2　オーダーメイドのまちづくり ……………………………………… 14

第2章　予算をめぐる論点

1　予算の定義 …………………………………………………………… 18
2　予算と事業 …………………………………………………………… 25
　（1）事業別予算 …………………………………………………… 25
　（2）事業の構造 …………………………………………………… 26
3　予算を生かす ………………………………………………………… 28
　（1）事業のデザイン ……………………………………………… 28
　（2）目的を見据える ……………………………………………… 30
4　予算の規模 …………………………………………………………… 32
　（1）価値の創造 …………………………………………………… 32
　（2）自治の中の予算 ……………………………………………… 33
5　評価と事業の見直し ………………………………………………… 35
　（1）事業の評価 …………………………………………………… 35
　（2）事業の見直し ………………………………………………… 36
　（3）義務的経費を考える ………………………………………… 39
　（4）ベンチマーク ………………………………………………… 40

第3章　行政評価と予算の関係

1　はじめに ……………………………………………………………… 44
2　自治体における行政評価の現状 …………………………………… 45
3　そもそも行政評価で予算削減は可能なのか ……………………… 47
　（1）行政評価導入初期の行政評価と予算の関係 ………………… 47
　（2）行政評価で予算削減は可能か ………………………………… 49
　（3）予算が削減できない行政評価は無意味なのか ……………… 52
4　まとめ ………………………………………………………………… 54
○　捕論　外部評価・事業仕分けと予算 …………………………… 55

第4章　公共施設改革と予算

1　はじめに～公共施設改革の必要性 ………………………………… 64
2　なぜ公共施設改革が必要か ………………………………………… 65
　（1）耐震性能の不足 ………………………………………………… 65
　（2）平成の大合併 …………………………………………………… 66
　（3）職員数の減少 …………………………………………………… 67
　（4）人口の減少と公共施設 ………………………………………… 69
　（5）施設のランニングコスト ……………………………………… 70
3　だからこそ必要な公共施設改革、
　　だけど進まない公共施設改革 …………………………………… 73
　（1）だからこそ必要な公共施設改革 ……………………………… 73
　（2）されど進まない公共施設改革 ………………………………… 74
4　公共施設改革をいかに進めるか …………………………………… 76
　（1）現状の把握～公共施設白書（及び固定資産台帳）の活用 …… 76
　（2）利害関係者をいかに説得するか ……………………………… 78

（3）廃止後 ……………………………………………………… 79
　　　（4）売れない公共施設の活用方策 …………………………… 80
　5　財政部門が主導し、全庁的に進める必要がある
　　　公共施設改革 ……………………………………………………… 81
　6　最後に ……………………………………………………………… 83

第5章　予算編成

　1　予算編成方針 ……………………………………………………… 88
　2　予算見積要領 ……………………………………………………… 90
　3　スケジュール ……………………………………………………… 92
　4　事前の準備 ………………………………………………………… 93
　5　予算要求のステップ ……………………………………………… 95
　6　予算の透明性 ……………………………………………………… 97
　7　ヒアリング ………………………………………………………… 99
　8　査定対応 …………………………………………………………… 101
　　　（1）シーリングへの対応 ……………………………………… 101
　　　（2）財政当局とのやり取り …………………………………… 102

第6章　予算の見積もり

　1　予算要求調書の作成 ……………………………………………… 108
　　　（1）要求調書作成のポイント ………………………………… 108
　　　（2）補強材料を持つ …………………………………………… 111
　2　歳入 ………………………………………………………………… 113
　　　（1）全般 ………………………………………………………… 113

（2）国・県支出金 ·· 116
　　（3）使用料・手数料 ·· 117
　　（4）財産収入等（資産活用） ···································· 118
　　（5）地方債 ·· 119
3　歳出 ·· 120
　　（1）全般 ··· 120
　　（2）積算 ··· 122
　　（3）経常的経費（一般事業経費） ······························ 123
　　（4）臨時的経費（政策的経費） ·································· 125
　　（5）イベントなど開催経費 ·· 132
　　（6）国県からの委託事業 ·· 137
　　（7）委託料（施設維持管理費等） ······························ 137
　　（8）事務費等（各節） ·· 143
　　（9）負担金及び補助金 ·· 147
　　（10）建設事業と維持管理費 ······································· 152
　　（11）扶助費 ··· 156
4　事務事業の見直し ·· 158
　　（1）見直しの方法 ·· 158
　　（2）攻めの見直し ·· 166
5　要求の課題 ·· 173
　　（1）レベルアップの要求 ·· 173
　　（2）困難な事案の要求 ·· 174
　　（3）要求作業の課題 ··· 175

第7章　要求を実現する組織

1　信頼関係を確保する ……………………………………………… 178
2　合理的判断の落とし穴 …………………………………………… 179
3　組織の力をアップ ………………………………………………… 181
　　（1）職員のスキルアップ ……………………………………… 181
　　（2）外部の資源を活用 ………………………………………… 182

第8章　政府の予算編成

1　はじめに …………………………………………………………… 184
2　予算査定の本質 …………………………………………………… 185
3　実は大変な要求部局内の対応 …………………………………… 187
4　実務系部門と企画系部門とシーリング ………………………… 188
5　補正予算の肥大化・常態化 ……………………………………… 190
6　国会における予算審議〜予算委員会の実態 …………………… 192
7　決算軽視の問題 …………………………………………………… 193

第9章　新しい予算要求の仕組み〜展望

1　予算と事業 ………………………………………………………… 198
2　予算要求の所管 …………………………………………………… 200
　　（1）組織と事業 ………………………………………………… 200
　　（2）他部局からの予算要求 …………………………………… 200
3　予算の成果 ………………………………………………………… 202
　　（1）予算は製造物 ……………………………………………… 202

（2）コーポレート・レピュテーション ……………………… 203
4　民間の力を生かす予算 ………………………………………… 206
5　仕組みづくり …………………………………………………… 208
6　機動的な予算の作り方 ………………………………………… 210

あとがきにかえて ………………………………………………… 212
【執筆者紹介】 …………………………………………………… 215

第 **1** 章

地方を取り巻く状況

1 自治体の力が問われる

　夕張市の財政破たんは、全国の自治体に大きな衝撃を与え、その後の地方財政健全化法による新たな未然防止の法制度につながった。よく、第二の夕張市は出るのか、と取り沙汰されるが、現在の趨勢をみると、財政健全化団体に分類される自治体もない。この理由は、新しい破たん法制によって、事前チェックの仕組みができ上がったこと、さらに、夕張市の場合は、そもそも不適切な経理が根底にあったからである。しかし、今後すぐには破綻が見込まれないからといって、自治体の財政が安泰かといえば、決してそんなことはない。
　そこで、行財政改革を相当進めてきた自治体は少なくない。このような自治体がさらに無理にスリム化のみをしようとすると、一般的に行政サービスの低下が避けられなくなる。こうした事態を避けるには、ネットを活用するなどして、外部から技術やノウハウを集めて、組織のオープン化を進めていく必要がある。
　足元の地域の疲弊が広がっている。もちろん、グローバル経済の影響による地域経済の衰退もあるが、そもそも地域経営にも課題はないだろうか。国全体としては、人口減少は社会の活力維持に大きな問題があると認識されており、地方創生の号令のもと、各地方に人口減少対策の展開を求めている。また、人、仕事が地方に向かうようにと、働く場の創出、結婚や出産など若者の希望の実現に向けて、税優遇や新しい交付金が考えられている。今、地域の人材を抱えている自治体の力が問われている。
　地方創生は、各地方がそれぞれの哲学に基づき、住民とともに豊かな生活を作り上げていくものであろうし、この「豊かさ」をキー概念

と考えるとき、人の暮らしを支える福祉、医療、教育の分野が重要になる。そして、これらを充実させるためには、大型のリーディングプロジェクトもあるが、地域に根差して地道に進めていく事業も多い。これらを根拠づける予算のあり方について、改めて注目が集まってきている。

2 オーダーメイドのまちづくり

　地方分権型社会では、国の制度改正を待つだけではなく、自治体自らの制度設計が求められる。新たに法律が制定されることを衣装に例えると、国の制度改正は全国共通仕様であり、それが地方、地域の課題解決にフィットするとは限らない。自分に相応しい服を確保するためには、既製品だけを求めるのではなくて、オーダーメイドの服づくりを行うことである。しっかりと未来を見通す眼が必要であり、そのためには、発想力や突破力、時代を先取りする力が不可欠である。
　自立は庇護されている状態よりも、つらく苦しいことも多い。自治は、他に従うのではなく、自らの判断と責任で自由に行うことである。
　地域が自立するということは、その前提として市民一人ひとりに主体的な活動が保障されていなければならない。このためには人材の育成、教育の充実が大切だ。自治の中で、教育の論議は決して最優先事項ではないようだが、今後重点的に取り組んでいかなければならない分野の一つだろう。
　また、国が決定を行うまでには色々なラグ（遅れ）があり、地方の現場での実感やヒアリングなどの情報の方が早い。国の経済判断は、経済データを認知するまでのラグがあり、また、それを受けて国の対策を協議するのにラグが出る。地方は、現場に一番近く、むしろ地方が先行して顕在化しつつある課題に果敢に取り組むことが必要である。
　したがって、自治体の政策を実現するのに、年度サイクルの予算編成の場だけですべて対応しようとすると、せっかくの現場における情報の取得、伝達の早さというメリットが減殺されてしまうこともある

ので、弾力的な対応ができる仕組みをビルトインしていくことが求められる。
　予算制度は、地方自治法、地方財政法などによって全国一律の制度となっている。しかし、この枠の中でいかに「生きた予算」を組むことができるかの競争が各自治体で始まっている、と考えるべきだ。

第2章
予算をめぐる論点

1 予算の定義

　予算の一般的な説明は次のようなものである。

　予算とは、自治体の1年間の収入・支出をあらかじめ見積もった計画書であり、予算編成の過程は政策決定そのものである。

　次に、もう少し法的に検討してみよう。

　予算は、議会の議決が必要である。予算として議決対象となるのは、目的別に分類された款・項の金額であり、項の下にある目・節は執行科目とされて、予算の内訳といえる。法律上は、あくまで一定の目的のための事業費をまとめた項の金額が執行の上限となるものであり、目、さらには、各事業については、執行機関の財務規則（予算規則）にまかされている。

　いいかえると、歳出予算の中の各事業費を個別に議決対象にしているわけではなく、予算の説明や、議会審議のために、事業費が明示されているのだ。

　以下に地方自治法などで定められている主な予算に関する定義を示しておく（傍線は筆者による）。

地方自治法

（議決事件）

第九十六条　普通地方公共団体の議会は、次に掲げる事件を議決しなければならない。

一　条例を設け又は改廃すること。

二　予算を定めること。

三　決算を認定すること。
(以下略)

(予算の調製及び議決)
第二百十一条　普通地方公共団体の長は、毎会計年度予算を調製し、年度開始前に、議会の議決を経なければならない。この場合において、普通地方公共団体の長は、遅くとも年度開始前、都道府県及び第二百五十二条の十九第一項に規定する指定都市にあつては三十日、その他の市及び町村にあつては二十日までに当該予算を議会に提出するようにしなければならない。

2　普通地方公共団体の長は、予算を議会に提出するときは、政令で定める予算に関する説明書をあわせて提出しなければならない。

(予算の内容)
第二百十五条　予算は、次の各号に掲げる事項に関する定めから成るものとする。
　一　歳入歳出予算
　二　継続費
　三　繰越明許費
　四　債務負担行為
　五　地方債
　六　一時借入金
　七　歳出予算の各項の経費の金額の流用

(歳入歳出予算の区分)
第二百十六条　歳入歳出予算は、歳入にあつては、その性質に従つて款に大別し、かつ、各款中においてはこれを項に区分し、歳出にあつては、その目的に従つてこれを款項に区分しなければならない。

地方自治法施行令

（予算に関する説明書）

第百四十四条 地方自治法第二百十一条第二項に規定する政令で定める予算に関する説明書は、次のとおりとする。

一 歳入歳出予算の各項の内容を明らかにした歳入歳出予算事項別明細書及び給与費の内訳を明らかにした給与費明細書

二 継続費についての前前年度末までの支出額、前年度末までの支出額又は支出額の見込み及び当該年度以降の支出予定額並びに事業の進行状況等に関する調書

三 債務負担行為で翌年度以降にわたるものについての前年度末までの支出額又は支出額の見込み及び当該年度以降の支出予定額等に関する調書

四 地方債の前前年度末における現在高並びに前年度末及び当該年度末における現在高の見込みに関する調書

五 その他予算の内容を明らかにするため必要な書類

2 前項第一号から第四号までに規定する書類の様式は、総務省令で定める様式を基準としなければならない。

地方自治法施行規則

第十四条 予算の調製の様式は、別記のとおりとする

別　記（抄）
予算の調製の様式（第十四条関係）

　　　　何年度（普通地方公共団体名）一般会計予算

　何年度（普通地方公共団体名）の一般会計の予算は、次に定めるところによる。

　（歳入歳出予算）

第1条　歳入歳出予算の総額は、歳入歳出それぞれ何千円と定める。

2　歳入歳出予算の款項の区分及び当該区分ごとの金額は、「第1表歳入歳出予算」による。

　（以下略）

歳　出

款	項	金　額
1 何々		千円
	1 何々	
	2 何々	
2 何々		
	1 何々	
	2 何々	
歳　出　合　計		

第十五条　歳入歳出予算の款項の区分並びに目及び歳入予算に係る節の区分は、別記のとおりとする。

2　歳出予算に係る節の区分は、別記のとおり定めなければならない。

別　記（抄）

歳入歳出予算の款項の区分及び目の区分（第十五条関係）

歳			出		
都　道　府　県			市　町　村		
款	項	目	款	項	目
1 議会費			1 議会費		
	1 議会費			1 議会費	
		1 議会費			1 議会費 ※
		※			
		2 事務局費			
2 総務費			2 総務費		
	1 総務管理費			1 総務管理費	
		※			※
		1 一般管理費			1 一般管理費
		2 人事管理費			2 文書広報費
		3 広報費			3 財産管理費
		4 文書費			4 会計管理費
		5 財政管理費			5 財産管理費
		6 会計管理費			6 企画費
		7 財産管理費			7 支庁及び出張所費
		8 支庁及び地方事務所費			8 公平委員会費
		9 恩給及び退職年金費			9 恩給及び退職年金費
		10 諸費			
		〃 (略)			

備考　1　都、指定都市等行政権能の差のあるものについては、当該行政権能の差により必要な款又は項を設けることができること。
　　　（以下略）

歳出予算に係る節の区分（第十五条関係）

歳		説　　　　明
1 報　　　　酬	議　員　報　酬	
	議　員　報　酬	執行機関である委員会の委員及び委員（常勤の者を除く。）に係る報酬
	非常勤職員報酬	その他の非常勤職員の報酬
2 給　　　　料	特　別　職　給	知事、副知事、市町村長及び吹く市町村長並び常勤の監査役員及び人事委員会の委員に係る報酬
	一　般　職　給	
3 職 員 手 当 等	扶　養　手　当	⎫
	初任給調整手当	｜
	通　勤　手　当	⎬ 法律又はこれに基づく条例に基づく手当
	特殊勤務手当	｜
	特地勤務手当	｜
	何　　手　　当	｜
	児　童　手　当	⎭
	〜（略）	

備考　1　節及びその説明により明らかでない経費については、当該経費の性質により類似の節に区分整理すること。
　　　2　節の頭初の番号は、これを変更することができないこと。
　　　3　歳出予算を配当するときは、款項目節のほか、必要に応じ節の説明により、これを行うことができること。

　歳出の科目は、その目的に従って「款（大分類）」「項（中分類）」と「目（小分類）」に別記のとおり区分するものとして、「節（最小分類）」は別記のとおりとしなければならない。
　「款（大分類）」「項（中分類）」と「目（小分類）」については、別記と必ずしも同一でなくてもよく、備考欄にも、都、指定都市等行政権能の差があれば、必要な款又は項を設けることができる、と記載されている。

地方自治法施行規則

別　記

予算に関する説明書様式（第十五条の二関係）

歳入歳出予算事項別明細書

（歳　出）

款	本年度予算額	前年度予算額	比較	本年度予算額の財源内訳			一般財源
				特定財源			
				国（都道府県）支出金	地方債	その他	
1　何々	千円	千円	千円	千円	千円	千円	千円
2　何々							
歳出合計							

地方自治法

（補正予算、暫定予算等）

第二百十八条　普通地方公共団体の長は、予算の調製後に生じた事由に基づいて、既定の予算に追加その他の変更を加える必要が生じたときは、補正予算を調製し、これを議会に提出することができる。

（以下略）

（予算の執行及び事故繰越し）

第二百二十条　普通地方公共団体の長は、政令で定める基準に従つて予算の執行に関する手続を定め、これに従つて予算を執行しなければならない。

2　歳出予算の経費の金額は、各款の間又は各項の間において相互にこれを流用することができない。ただし、歳出予算の各項の経費の金額は、予算の執行上必要がある場合に限り、予算の定めるところにより、これを流用することができる。

（以下略）

2　予算と事業

（1）事業別予算

　予算（議案）の様式については、個別事業の記載については、示されていない。

　しかし、自治体の予算編成では、一つひとつの事務事業を基本とする「事業別予算」[1]を採用している、といってよいだろう。また、適正な予算執行などの観点から、事業ごとの執行管理を強めてきている。

　法の規定から考えると、議決される予算は款、項の金額であり、その下の目や積算基礎となっている各事業については、もっと柔軟な執行は可能である。

　自治体の現場で行われていることを整理すると、一般的に、

- ・「予算」を作る（調製する）のは「財政課」である
- ・「予算要求」＝「事業」を作るのは「原課」である

　すなわち、通常、予算要求といっているのは、予算を構成する事業費の見積もりについてであり、直接的に議決対象である予算を作るものではない。一方、財政課も予算編成過程の予算要求の状況や査定の状況など、各事業をベースに、市民への公表、意見を受けており、この段階では、原課に近い作業を行っていることになる。

　しかし、歳出予算とは、款、項別の金額であるので、個別の予算事業として整理されるものだけではなく、その項の予算額の総体によって、政策目標の実現を図ることが原点になる。

　このことについて、観光予算を例にして、考えてみよう。

　予算の見積もりにおいて、個々のイベントの積算単価や開催回数な

どの積算の精査は大切であるが、同時に、観光客の誘致などは、予算の多寡よりも効果的なルートの開拓や、どれだけの人脈があり、どのような連携ができるかが重要である。それは、一つだけの事業で行われるものではなく、項（観光振興費など）の中の様々な他の事業の展開と、人件費や事務費などによる担当職員の活動が大切になる。

(2) 事業の構造

① 事業の単位

予算編成作業の効率化などから、少額の事業の統合化が促されることがある。これに関しては、次の二つの考え方がある。

○積極説

事業はより大くくりになった方が柔軟な執行が可能となる。

「全庁的な予算編成及び管理の効率化を図るため、小事業数の削減を進めることとしていることから、目的に類似性のある事業や小額（概ね10百万円未満を想定）の事業については積極的に統合すること（札幌市27）※。

※各自治体名の予算編成方針又は見積要領の年度を示す。以下同じ。

○消極説

予算額の大小によって統合すべきものではなく、あくまで同じ目的、類似事業という観点から判断すべきである。また、事業自体が政策のアピールになる側面があるので、独立していた方が効果的である。

現場の事業をどう位置づけるかは、各自治体の判断ではあるが、政策、施策、事業のツリー上の構造の中で、政策は事業のパッケージとしてとらえることが大切である。

これまで、（歳出）予算は款・項であり、その金額が議決対象であり、各事業単位ではないことを説明してきた。行政は、最少の経費で最大の効果を目指すものであるので、投入される資金ができるだけ有効に使われることが大切である。事業は大くくりの方がより執行の弾力性

を高めるとみられる。事業の性格にもよるが、事業レベルでの管理の壁は高過ぎない方がよいだろう。

② 多岐にわたる中身

　予算化された事業は、単一の性格・構造だけでないものも多い。例えば、選挙業務といえば、公職選挙法などに沿った厳格な事務であり、担当職員には法的能力が求められる、と考えるだろう。しかし、特に市町村の実務では、投票案内ハガキの発送、投票所のアルバイトの手配、投票所の開設、用品の調達、様々な啓発など法の執行というよりもイベント的性格を持つ活動も多い。したがって、必要な能力は、法務知識のほか、物品の調達や（借上）施設管理者との交渉能力、緊急対応能力など大変幅広い分野にわたる。

　このように、自治体の業務は、およそ複合的な性格を持つものであり、予算としては、選挙であれば総務費、経常的経費といった分類になるが、その中身は多岐にわたるものである。

③ コストを把握

　次に、現行の予算事業では、個別に積算がなされているが、担当者の給料などの人件費は含まれていないのが一般的だ。さらに、担当者の上司などの人件費や、物品の使用などの間接費や庁舎の減価償却費などがかかっているが、これも含められてはいない。

　このことによって、事業の評価に「ゆがみ」が生じる場合が出てくる。すなわち、表面上の事業費は小さいが、大変手間のかかる事業があるとしよう。通常、人件費を除いた予算額で比較するので（行政評価の中では人件費を含めた事業費が算出されることが多いが）、費用対効果があるとみられ、効果の低い事業を温存することにつながる。なお、事業のコストを活動量によって資源のコストを配賦する活動基準原価計算（Activity Based Costing）の活用が提案されている[2]が、一部の自治体で研究などは見られるものの、本格的な導入はなされていない。

3 予算を生かす

(1) 事業のデザイン

　予算要求、査定の中で、財政担当者が注目するのは、必要性などのほか、各項目の積算内訳、根拠であろう。過大な単価、数量になっていないか、実績と比較してどうかなど、その場面の「チェックポイント」は多数ある。これらは、いわば入口であるが、同時に出口が大切になってきている。

　人々の価値観は一様ではないし、特に、異なる分野の政策間の優先順位を決めることは、難しい。そのためには、利害が対立する現場に入っていくなど、調整できるコーディネート力が求められる。この利害調整は、一種の政治的な行為と捉えることもできる。また、説明責任を果たすこと、透明性を高めていくことが、この前提となる。予算の金額とその内容が同一だとしても、最終的な成果が担当者や組織のマネジメントによって、異なることも少なくない。

　財政当局は、入口については細部にわたって精査をするが、出口すなわち執行のあり方は、予算の総額、内訳に変更がなければ、原課におまかせ、というのが現状だろう。

　これは、料理のレシピに似ている面がある。レシピが同じで、食材が同じでも、出来上がる料理は、プロと素人では大きな差が出るものだ。当然、包丁の使い方、炒め方、焼き方など、素材を生かす腕がなければ、いくら高級な食材を使っても、おいしい料理は作れない。今は、レシピの材料集めとコスト精査に時間をかけているが、これと同様に実際の調理も重要だ。

図表2－1　事業のデザイン

　逆に、安い食材でも、目利きが選べば若干腕が落ちても、美味しい料理ができるかもしれない。

　換言すれば、「事業のデザイン」が大切ということである。デザインとは、その事業の描き方であり、そこに登場する「役者」やその行動の枠組みをみせるものである。すなわち、その事業をどう発意して、関係者をどう巻き込み、どのように表現していくか、それによって、事業が生み出す価値は大きく異なってくる（図表2－1）。予算要求においては、実際の予算の執行時における具体的なイメージを持つことが大切になる。

　図表2－2で、筆者が農政セクションに在籍した当時に作成した予算要求の前段階である「たたき台資料」を紹介しよう。「さとらんど」は、都市型農業体験交流施設であり、運営は指定管理者。ここが核となって、農業振興と観光のコラボレーションを目指した札幌型の「アグリツーリズム」を構想したものである。施設の価値を最大化することによって、食農体験の拡大など、都市型の新規のまちおこしを狙っている。

　このような資料をベースに関係者が議論することが、新規事業の議論の出発点にもなっていく。

図表2-2　予算たたき台資料

アグリツーリズム（食と農体験型）
- さとらんどを札幌北部の食と農体験が楽しめる域外需要も取り込めるようソフト面を中心にリニューアル
- 丘珠空港の需要開拓にも貢献　モエレ沼公園との連携
- さとらんど20周年（平成27年7月）も考慮
- 海外観光客（アジア富裕層）も想定
- みる（景観）　桜並木、園内ICT、SLバス（トマト号）更新、園内に札幌市ゆかりの彫刻家に作品、パフォーマンス（大道芸）
- 体験する　収穫体験　エブリデイクッキングスタジオ、グランプリパティシエによるスイーツ教室　札幌野菜を使った和食講座
- 食べる　地産地消レストラン、スイーツコーナー、ハーベストランドやとれたてっこ野菜のジュースバー
- 学ぶ　さとらんどアグリ教室、さとらんどアドベンチャー教室。BBQ講座　オニオンセンター設置（札幌黄を中心とした品種の説明、レシピなど総合博物館）　エネルギー教育拠点化
- 買う　さとキッチン　さとらんど朝市、さとらんど夕市

(2) 目的を見据える

　予算による事業の成果は、その金額の多寡もさることながら、これに関わる人材や組織が持つ力といったものに左右される。例えば、100万円の資金投下でもあまり成果があがらないことがある一方、10万円の事業費でも大きな成果を得られることは珍しくない。

　経済活性化、雇用創造のための企業誘致事業において、誘致企業への補助金や税の減免の額が予算で議論される。一時期、全国では誘致合戦になっていたが、その補助金について、進出後何年かで企業が撤退することで問題となったことがある。撤退時の補助金返還ルールがなかったためだが、この問題を改めて考えてみよう。工業団地等を造成したものの、進出企業はなく、塩漬け用地になっている場合、高水準の企業誘致補助金は有効な施策にみえる。しかし、進出した企業が、やがて、採算性によって撤退することも企業行動としては珍しくない。

　予算編成の現場では、助成金の規模や年数、条件などが、議論になり、他都市との比較において、その規模や助成率が大きいことは有利なこ

とは間違いない。しかし、リスクも含めてロングスパンで見ると、重要なことは、自治体の体制や都市機能が企業にとってどれだけメリットがあるのか、また、誘致担当者がいかに熱意を持って、かつ、企業の立場にたって、話ができるか。すなわち、行政が、人的関係も含めて、継続的にバックアップできるような環境づくりができているかである。予算編成の上では、助成率の他都市比較も大切だが、例えば、営業能力のある職員の育成（又は登用）や営業するための旅費等をしっかりと確保することもあわせて重要である。

　また、全国各地の中山間地や小規模自治体で活躍している地域おこし協力隊の事例から、予算要求の中身について考えてみよう。

　これは過疎地域などの自治体に、まちおこしを協力する人材について最長3年間雇用できる特別地方交付税（1人400万円、平成27年度）が措置される総務省の事業である。この事業のポイントは、どのような人材を確保するかである。候補者の活動実績や意識、受け入れ側の環境や考え方、また、期限終了後に地元に残る道ができそうかの見通しが大切だ。協力隊の活動の成果には、行政の継続的なバックアップも必要になる。

4 予算の規模

(1) 価値の創造

　予算は金額の多寡によって評価されることが多い。図表2-3をみてみよう。予算を「価値」によって大くくりで分類をしたイメージ図である。N年度の予算に比べて、N＋1年度の予算は、マイナスになっている。しかし、内訳をみると、公害のような環境に悪影響を及ぼした事象の防止する環境毀損対応事業、災害復旧事業がともに減少しており、新規事業の創造など価値創造事業が大幅に増加しており、新たに価値を生み出すという観点からは、N＋1年度予算の方が充実していることになる。予算規模だけで議論しても、見えないところがある。

図表2-3　予算の価値（イメージ図）

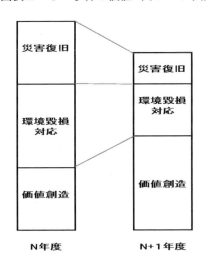

(2) 自治の中の予算

　我が国経済を再生し、成長を持続的なものとするためには、「すべての人材が、それぞれの持ち場で、持てる限りの能力を活かすことができる『全員参加』」が重要であり、自助・自立を第一としつつも、自助・共助・公助のバランスのとれた政策を検討していく必要がある。公助について財政上の制約がある中で、地域の課題に対応し活性化を図っていくためには、共助の精神によって、人々が主体的に支え合う活動を促進することで、活力ある社会にしていくことが必要である。（「共助社会づくりの推進に向けて」平成25年5月27日　内閣府（共助社会づくり懇談会））

　自治体の予算も、このような方向で編成するべきであろうし、これを実現していくと、予算自体の意味と理解が変わってくるのではないか。

　自治は、市民と行政がそれぞれの役割を全うすること、すなわち、自助、共助、公助の分担が、基本的な考え方となるだろう。これまでも特に防災対策において指摘されている。例えば避難所の備蓄品をいかに充足したとしても、肝心の避難勧告の情報伝達体制に不備があれば、備蓄品も十分に生かされないことになる。また災害の現場は、日常とは違い、緊急的に多くの専門的な知識が求められるものであり、普段から防災のプロの力を生かす仕組みが求められる。自治体は、気象台や自衛隊OBなどの専門家をもっと登用してよいのではないか。

　今後は、あらゆる分野において問われるものである。例えば、高齢者のアクセスを向上しようと、建築物のバリアフリー化も含めて、すべてハードで対応しようとすることは、物理的、財源的にも困難であり、地域や家族の協力などソフトウェアによる対応が不可欠である。

　分野でみると、地域福祉、まちづくり、地域観光、公共施設の運営、子育て支援、交通安全などで、自助、共助がますます拡大をしていくのではないだろうか。

　さらに、公助は予算化され、自治体の事業として表面に出るが、自

図表２−４　予算の規模（イメージ図）

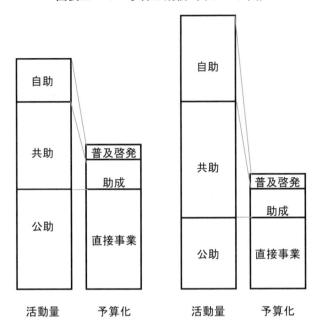

助、共助は、普及啓発費や一部助成金などがそのための経費が計上されるのみである（図表２−４）。

　自治の基本が、自助であることを考えると、逆説的であるが、分野によっては、関係の予算規模はむしろ縮小する方がよいといえるかもしれない。注意すべきことは、自助が根付くことによって所要予算の縮小が実現したのか、そもそもその施策に力を入れていないために縮小したのか、全体の予算額のみでは区別がつかないことだ。

　新たな行政の直営事業を打ち出すことは、アピール効果があることは否定できないが、庁内外の人材活用を行うコーディネート機能を充実させて、自助の土台づくりを進めていくことも必要だろう。

　このようなことを踏まえると、予算の評価は、その都市の「自治度」との文脈において、なされていくべきものだろう。

5　評価と事業の見直し

(1)　事業の評価

　評価をすぐに事業の廃止などにつなげる手法として事業仕分けがある。

　事業仕分けは、自治体の事業を対象として、必要性、実施主体、改善の方向性を公開の場で行う取り組みである。「仕分け人」によって、短時間の審議で、廃止、縮小などと判定している。政策におけるコスト削減や事業そのものの廃止が目的である。

　しがらみのない客観的な判断の意義はあるが、事業は様々な経緯によって成り立っている。また、客観的な評価のためには判断基準や価値判断についての合意が必要である。

　予算の編成は財源の配分であり、何がより必要性があるのか、優先順位を判断する行為といえる。この点、事業仕分けは、一つの事業に対して集中して検討を加える。

　当然、事業の効率化は進められるべきだが、一つの事業を対象とする場合でも、政策分野全体を理解することが求められる。

　次に、都道府県や規模の大きな自治体では、ほとんど行われている行政評価についても考えてみよう。事業仕分けと同様に予算の配分効率性まではカバーするものではない。

　現状は、予算・決算とのリンクが十分ではなく、なお、「評価のための評価」という声も聞かれることは残念ことである。

　行政評価の指摘は、「住民への周知をもっと効果的に行うべき」「対象の見直しを検討せよ」「開催回数を減らすべき」「類似事業とのすみ

分けを考えよ」など様々なものがあり、時に、当該事業について十分理解されていないと感じる場合もあるかもしれないが、予算要求に際しては、これを踏まえて、調書等を作成していく。なお、指摘事項の反映の度合いについては、どうしても幅があるものになり、その検討プロセスを説明できることが大切になる。

　ただし、行政評価は、個別の事業をチェックする仕組みであって、首長の肝いり事業など政治的なポジションについての判断はなじまないだろう。

(2) 事業の見直し

① 見直しの考え方

　事業の見直しは、予算編成の中での日常風景であり、かつ、重要な取り組みである。

　見直しについては、まず、時間の経過のモノサシではかることが考えられる。古くは、北海道の事業評価である「時のアセスメント」が知られており、事業そのものの役割を終えたり、前提となる環境の変化がある場合などに有効である。たとえば、10年又は20年経過した事業は、見直しの俎上にのせる、といったことが考えられる。

　また、民間委託など民間の活力を生かす視点は重要であり、共助、自助を広げていく環境づくりを進めておきたい。新しい事業を担う民間を支援するためのサポート体制の検討は大切な観点だ。

　見直しには、大きく二つの方向性がある。

　一つは、解体撤去型である。すなわち廃止するだけのものである。この場合は、議会審議、対外的な公表時期など色々な要素を考えていかなければならないが、見直しによって一番影響があるであろう市民や関係団体の対応には慎重を期したい。ケースによっても違うが、できるだけ早期に情報提供や説明などをすることが必要だ。また、担当者だけで動くと思わぬところから、"空中戦"を仕掛けられることもあり、準備は周到にすることだ。この場合、協議などによって変更で

きる余地もあれば、よりスムーズに理解を得ることができるだろう。また、廃止をするにしても、一挙に行わずに、段階的に行う手法も残しておくなど、ぎりぎりの攻防戦の備えも時には必要だ。要は、基本方針を固めることができれば、程度にもよるが、話し合いなどによって、柔軟な対応も可能となってくる。

　もう一つは、立て直し型である。従前の事業の見直しをして、新しい事業を起こす、というものだ。どうしても単純に見直しをする場合は、それが合理的だとしても、関係団体などから当該分野を軽視するといった行政の姿勢に疑問符がつきかねない。事業の必要性の低さなど、客観的には説明できるとしても、関係者にとっては、行政のスタンスを厳しく問いたくなる。当然、納得を得られることが最も良いのだが、別途、対象を絞ったりしながら、新規の事業を創設することも、現実の選択肢となり得る。特に、現在は、地域の課題は、横断的なものとなってきており、一つの事業をやめても他の事業に新たな視点を加えて、再構築すれば、トータルとしては、地域のニーズをカバーできることも少なくないだろう。

　どの自治体でも、見直しについては、「言うは易く行うは難し」、という原課の職員の苦労がある。そもそも、現在の事業及びその金額は、色々な見直しをしてきた結果なのだから、簡単に否定するのは、どうしても経緯を考えてしまうだろう。

　一つの事業を廃止、大幅な見直しするためには、説得力とともに、大きな方針と信念に裏付けられた勇気も必要になってくる。

② 見直しの原則的な手法
　次に、予算編成において、最も一般的に行われている方法を検討していく。
ア　スクラップアンドビルド
　民間企業において、不採算部門を整理して、新たな部門を設けることや、陳腐化した設備を廃棄して、新たな設備を導入することをいう。行政では、新しい事業を起こす場合には、別の事業を廃止するなどの

見直しをすることは、限られた財源の中で、新しい課題に対応するための有効な手法の一つである。しかし、行政の中に様々な部局があり、緊急性、必要性の高い分野とそうでないところがある。一律の適用では、優先すべき分野の事業が抑えられてしまうことになる。まず、行政全体の中で各政策分野の優先順位を決めてから、見直しのレベルを設定して、それぞれの分野の中で、この原則を適用していくべきであろう。

イ　シーリング

シーリングは、個々の事業予算ではなく、組織単位で対象経費をまとめて要求枠を設定するものである。事業間の組み換えなどは原則自由であるなど予算の弾力性を確保するものであり、予算が項・目の金額として議決される観点からも、有効な手法といえる。漫然と継続しているような事業は大胆に見直しをしながら、事業の束である施策全体によって、効果を出していくよう予算を構成したい。

ただし、シーリングだけでは、新たに強化すべき分野が抑えつけられてしまうので、重点分野など別途要求枠をほとんどの自治体で採用している。

ウ　サンセット方式

新たな補助金や新規事業が予算化される条件として、3年間などと期限を切り、その時点で検証して改めて検討するという方式である。一度始めたら既得権として永劫的に続くことを保証することはなく、その成果にきちんと責任を持ち、打ち切りもある、という考え方は合理的である。新規研究の助成金などは相応しいだろう。

この原則の意図としては、行政が最初は手がけるが、その後、民間の力が醸成され、事業を移行できる、ということだろうが、民間団体が短期間で財源も含めてその事業を担える力がつく又はそのような趣旨の活動をビジネスとして展開できる、ということは、大変望ましいことであるが、それほど容易なことでもないだろう。具体的にどうやって育成支援をしていくのか、そのプロセスをフォローし、毎年チェックしていくとともに、それを応援していく仕組みを構築していくこと

が必要になる。

エ　ペイアズユーゴーの原則

　財源確保の基本ルールと言われている。「新規事業や既存事業の拡充、さらには事業費の増額を行う場合はそのために必要な財源は、既存事業の見直しや休止、スケジュールの先送りによる財源の平準化など配分財源内で確保する」（横浜市27）。

　これもスクラップアンドビルドと同様の課題が想起される。これから力を入れていくべき事業の分野では、追加財源が必要であり、見直しによって財源を確保することは相対的に困難なことが多いのではないか。よって、他（課）の分野から財源をみつけてきて、新たに必要な事業に充当する、といったこの原則の適用の範囲をかなり広くとらえるようにしたい。

（3）義務的経費を考える

　予算編成方針の中では、財政状況の厳しさを数字、グラフであらわすなど、どの自治体も一様に厳しく、財源不足が見込まれることが示される。これらの試算の前提として、歳出は、過去の推移の延長で新年度の予算規模を推計していることが多い。これは厳しい財政についての意識を浸透させる効果がある。

　この中で、義務的経費について考えてみたい。人件費、扶助費、公債費の三つは、義務的な支出であり、削減が難しいとみられている。

　しかし、人件費は、定数の見直しは可能であるし、逆に、事業を企画するのも、執行するのも、職員であり、最も、価値を生み出す源泉でもある。アウトソーシングなども戦略的に活用しながら、これらの経費を変動費化するととともに、現状の職員の生産性を、1割でもアップすれば、大きな効果が得られることになる。そのための、職員の適切な研修、指導、人事評価などの充実が望まれる。

　扶助費では、高齢社会の中、地域経済が厳しくなると、生活保護費がその多くを占める自治体が少なくない。社会のセーフティネットで

あり、大変重要な経費であるが、中長期の視点からは、地域経済の活性化を進めて、結果として、減少させていくことが望ましいだろう。そのための産業、雇用政策などの諸政策が重要になる。

公債費についても、景気が回復して、物価、金利が上がれば、税収が増えて、相対的に公債償還の負担が減少する。公債残高の減少を政策目標にしている自治体が多い。ナショナルミニマムが達成され、建設から更新、維持管理の時代になろうとしている今、残高が減少傾向になることはそれほど難しくないだろう。

このようなことを考えると、義務的経費と呼ばれてきたものも、減少ないしコントロールすることができるようになってくる。

(4) ベンチマーク

複数の自治体が、基本的な施策について、共通の業績評価を設定し、比較するものである。民間企業の経営手法であり、（優れた）他社と比較することにより、改善をはかろうとするもの。ベンチマークによって、自分の自治体がどこの水準にいるのかが分かる。

全国では、次のような取り組みがある。

○行政サービスの値札

全国青年市長会構成市が中心。62市で市民に身近な11事業——図書貸出、体育センター運営、小学校給食、生活保護など単位当たりのコストの平均値、最高値、最低値を示す[3]。

一般的には、類似都市や県内同規模自治体などの施策をフォローすることになる。なお、人口、産業構造が似ているといっても、地理的条件や歴史などは異なることも多い。当然、その自治体ならではの、オリジナリティといったものがあるだろう。

ある施策が仮に最後尾なら、いきなりトップランナーを目指しても、人、能力、モノがついてこないであろうし、理解も広がらない。そもそも、施策、事業は、市民や関係者の理解があってこそ、実効性を持

つ。

　ベンチマークは有効な手法であるが、その限界も踏まえた上で、活用したい。

注

1　人件費などを含んだトータルコストで表示される、という定義ではなく、事業別に予算を見積って予算計上、執行管理をその単位で原則行っているという意味である。
2　ＡＢＣ　原価計算・管理会計において製造間接費を管理する方法
3　http://www.city.kitamoto.saitama.jp/ikkrwebBrowse/material/files/group/3/250821release.pdf

第3章 行政評価と予算の関係

1 はじめに

　自治体に行政評価が導入されたのは1996年の三重県の事例が嚆矢だとされており、この原稿の執筆時点である2015年は20年目の節目の年となる。行政評価の導入目的として、職員の意識改革、成果意識の醸成、業務改革の推進、アカウンタビリティ機能の発揮など、いくつかの効果が期待されたところであるが、その中の一つとして「予算の削減」があげられることがある。

　ところがこの「行政評価を導入したことによる予算の削減」効果はさほど大きなものではなかったとされ、それをもって「行政評価不要論」や、いわゆる「評価疲れ」の大きな要因となっているとの分析も少なからずされてきたところである[1]。

　また、この「予算削減機能の補完」のため、外部の視点や圧力を利用しようとした取組みとして、行政評価への外部評価の導入（あるいは追加）や行政評価の枠を超えた「事業仕分け」の導入も進められてきたところである。

　これら行政評価及び評価の外縁にある外部評価・事業仕分けと予算の関係については我が国に行政評価が導入されて以降、行政職員、首長、議員、研究者、市民それぞれが様々な期待を抱き、議論が重ねられ、そしてある意味失望を招く結果にもなった。

　そこで、本章では改めて予算と評価の関係性について再整理を試み、今後について考察してみたい。

2 自治体における行政評価の現状

　自治体における行政評価の現状について、簡単に整理しておきたい。
　総務省自治行政局が平成26年3月に公表した「地方公共団体における行政評価の取組状況等に関する調査結果[2]（平成25年10月時点での実施状況）」によれば、全自治体の約60％で行政評価が導入されていることが分かる（図表3－1）。
　また、行政評価の導入のねらいとしては「行政運営の効率化」が最も高く、「行政活動の成果向上」「職員の意識改革」「ＰＤＣＡサイクルの確立」「アカウンタビリティ」「住民サービスの向上」と続いて、「予算圧縮・財政再建」と続いている（図表3－2）。
　他方で、同調査では「かつて、行政評価を実施していたが廃止した

図表3－1　行政評価の導入状況

〇行政評価の導入状況

（単位：団体数）

	都道府県	指定都市	市区町村					合計
				中核市	特例市	市区	町村	
導入済	47	19	994	41	40	588	325	1,060
導入予定あり	0	0	551	1	0	81	469	551
導入予定なし	0	1	177	0	0	41	136	178
合計	47	20	1,722	42	40	710	930	1,789
導入割合（平成22年度導入割合）	100%(97.9%)	95.0%(94.7%)	57.7%(52.7%)	97.6%(95.0%)	100%(100%)	82.8%(78.1%)	34.9%(29.8%)	59.3%(54.4%)

※全地方公共団体を対象。
出所：総務省自治行政局「地方公共団体における行政評価の取組状況等に関する調査結果　概要版」p.1

図表3-2　行政評価を導入した狙い

○行政評価を導入したねらい　　　　　　　　　　　　　　　　　（単位：%）

	都道府県	指定都市	市区町村	合計
行政運営の効率化	87.2	84.2	93.4	92.9
行政活動の成果向上	97.9	84.2	81.3	82.7
予算圧縮・財政再建	38.3	47.4	55.0	54.2
企画立案過程の改善	59.6	47.4	37.9	39.1
ＰＤＣＡサイクルの確立	89.4	89.5	75.7	76.5
顧客志向への転換	31.9	26.3	23.9	24.3
住民サービスの向上	48.9	73.7	67.0	66.3
アカウンタビリティ	85.1	100.0	66.4	67.8
職員の意識改革	66.0	78.9	82.0	81.2

※行政評価を導入している団体を対象、複数回答あり。
出所：総務省自治行政局「地方公共団体における行政評価の取組状況等に関する調査結果　概要版」p.4

団体は、52団体（指定都市1団体、市区27団体、町村24団体）」にのぼっていることが明らかとなっている。その理由としては、「所期の目的（ある一定期間において全事務事業を評価すること等）を達成したこと」（市区3団体、町村8団体）等をあげているという[3]。

3 そもそも行政評価で予算削減は可能なのか

(1) 行政評価導入初期の行政評価と予算の関係

　既述の通り、行政評価によって充分な予算削減効果を得られなかったことが「行政評価不要論」やいわゆる「評価疲れ」の大きな要因となっていることを逆に考えれば、行政評価には予算削減の機能があると多くの方が考えていた（少なくとも期待していた）わけである。

　では、実際に行政評価によって予算は削減できたのだろうか。往時を振り返ると行政評価導入後、その実施成果として「数千万円の予算削減に成功しました」とPRしている自治体も少なからず存在した。

　とはいえ2000年代初頭、当時先進自治体といわれていたある自治体の担当者に「本当に行政評価を導入した結果予算が削減できたのか」確認したところ、「シーリングやらなにやらの積み重ねで予算額は減ったが、行政評価の成果は実際にはほとんどなかった」とあっさり回答され、絶句したことを記憶している。

　もっとも、実際に行政評価を導入した結果として予算が全く削れなかったということはなかったと筆者は考えている。少なくとも、導入初期においては長年機能していなかったり、ニーズが著しく低下してしまった事業、職員目線で見てもあまりにも不適切・不適当な執行がされている業務等は改廃が進んだだろうし、それに紐付いていた予算や定数もある程度は同時に削減されたはずである。

　実際に、高崎経済大学の佐藤徹教授の『行政経営に関する全国自治体調査（概要版）－第2報－』（高崎経済大学 佐藤徹研究室HPで公開）によれば、予算編成の現場において事務事業評価の結果が予算編成の

図表３－３　事務事業評価と予算編成の関係

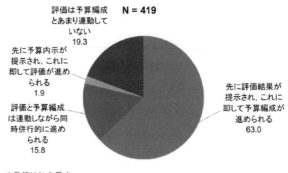

出所：佐藤徹『行政経営に関する全国自治体調査（概要版）―第２報―』p.43

際に提示されたり、評価と予算編成が連動して同時並行的に進めているケースが78.8％となっており、予算編成の現場において評価結果が活用されていることが認められる。

　また、同調査によれば事務事業評価において「廃止」「縮小」の結果となったものは、予算措置を行わなかったり、減額を行うなどの対応が取られており、その意味では予算との連動性も一定程度確保されているといえる（図表３－４）。

　ところが、それが２年、３年と繰り返されていくうちに行政評価で目に付いた不適当な事業には「廃止」や「縮小」の判定が付けられ予算にも反映されていった一方、それ以上見直しを図るためにはより深い業務分析や、改革のための諸手続（利害関係者や議会への調整など）が必要となるため、それらはそのまま残る。必ずしも有効性や必要性の高い事業でなくとも行政評価の方に「廃止」や「縮小」の判定が付くことが減り「現状維持」の事業が増えていった結果、行政評価の予算削減効果が発揮されなくなったというのが実態であろう。

　かくして上記の時期を経て、行政評価の結果から予算削減へと繋がっていく流れが徐々に失われ、行政評価そのものへの期待値が萎ん

図表3−4　事務事業評価結果と予算編成の関係

Q23　事務事業評価結果と予算編成の関係

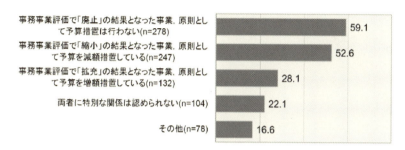

出所：佐藤徹『行政経営に関する全国自治体調査（概要版）−第2報−』p.75

でいくまでにそれほど長い時間は要さなかった。時期を同じくして、行政評価に熱い想い・期待を持ち、行政評価制度を所管する部門において導入に大きな力を果たした職員が次々と人事異動の時期を迎え担当者が入れ替わり、導入当初の熱気が下がった部分も大きかったと、当時外部から見ていた筆者は感じている。

それでも、評価制度を所管する部門においては少しでも役に立ち、機能する行政評価を目指して行政評価自体の改善は進められ、成果指標・目標の導入⇒精緻化や情報量の増加、などが図られたが、結果的にそれが原課の負担感を増大させた一方で、行政評価による予算削減機能を回復させるには至らず、「評価疲れ」「評価離れ」をさらに加速させてしまったのは残念な結果だったともいえる。

(2) 行政評価で予算削減は可能か

ア　行政評価導入の目的と予算削減

ところで、そもそも行政評価は予算削減が期待されたツールだったのだろうか。振り返ってみれば、我が国の行政評価の草分けとされる

三重県の事務事業評価の導入目的は「職員の意識改革」と「政策形成能力の向上」であったとされている（梅田　2002年）※。

　※　章末参考文献参照。以下同じ。

　現在においても行政評価導入の狙いは、既述の通り「行政活動の成果向上」「職員の意識改革」「PDCAサイクルの確立」「アカウンタビリティ」「住民サービスの向上」と続いて、「予算圧縮・財政再建」という順番となっており、必ずしも予算削減ありきで行政評価が導入されているわけではないことが分かる。また政府においても、政府における政策評価の導入の源流になったとされる平成9年12月の行政改革会議の最終報告では、「プラン偏重の行政からの脱却」を目指す趣旨から、「政策の効果について、事前、事後に、厳正かつ客観的な評価を行い、それを政策立案部門の企画立案作業に反映させる仕組みを充実強化することが必要[4]」と謳われている。ここでいう「プラン偏重」とは「企画を立て、予算を獲得し、それを執行するところまでに重きがおかれ、政策の効果（成果）の評価（振り返り）が十分に行われていない」という主旨で語られ、「評価で予算削減をする」という考え方とは違うところに導入の目的があったことが見て取れる。

　他方で、行政評価が普及すると同時に自治体のアカウンタビリティ機能など、様々な機能（期待）が乗せられ、そのなかの一つとして業務改善機能やその結果としての予算削減機能も含まれていったのではないかと筆者は考えている。

　行政評価が導入・普及した2000年からの数年は、ITバブル崩壊の余波で景気も低迷し、歳入も減っていく一方で、高齢者の増大が同時並行で進み、自治体の財政が痛んでいった時期でもあった。そのような時代背景を鑑みれば行政改革手法として導入された行政評価に予算削減機能も期待したのはやむを得ないところだったのかもしれない。

　とはいえ、そもそも当初は行政評価に予算削減機能は含まれていなかったわけで、その後の膨らみすぎた行政評価への期待が結果として後の評価疲れ、評価離れにつながって行ってしまったのは残念なことであった。

イ　自己評価の原則とお役所の掟としての予算

そもそも、行政評価は事務事業を担っている担当課室の職員が自ら評価を行うという大前提がある。その一方で、お役所の厳然たる掟として「予算をいかに獲得するか」というのが職員・課室長の評価に直結しているのもまた事実である（吉田・小島　2009年）。もっとも、財政悪化が長期化している現状では予算を獲得するというよりは「予算をいかに削られないか」ということが課室内の命題になっている。

財政が厳しい時代なのだから、予算をいかに効率的に使ったか、少ない予算でも従前以上のパフォーマンスを示せば評価するような考え方が自治体内で徹底されれば、行政評価を用いて、予算を削減するインセンティブが働くかもしれない。

しかし、残念ながら予算を「確保する・維持する」方が、行政評価を用いて「予算の削減に貢献する」よりも役所の中での総合的な（上司・部下・議会等からの）評価・評判が高い以上、「担当課室の職員が自ら評価を行う」行政評価において予算が削減されるように機能しないのはやむを得ないところである。

逆に、予算獲得に有利な方向に行政評価が機能するとなれば、外形上は行政評価が積極的に活用されることになるだろう。ただし、その際に「目標が達成されれば予算が付く」のであれば、当初の目標値が低く設定され、大半の評価書が「達成した」と記されるだろうし、逆に「目標が達成できない場合に不足分を予算でフォローする」のであれば、目標値が厳しく設定され、大半の評価書が「達成できなかった」と記されるだろう。こうなってしまえば、もはや評価書は実態すら指し示さないただの紙の束となってしまい、極限まで形骸化が進んでしまうだろう。

もちろん、予算査定を行う財政部門の職員が全ての事務事業を知悉し、最適な目標値の設定と正確な成果数値の読み解きを行い、最適な予算配分ができるのであれば行政評価を用いた予算査定も可能であるかもしれない。逆に、現場の職員が評価制度や成果指標の把握に高い知見を持ち、かつデータを全く予断を持たずに把握し、評価書に記載

し、かつ財政部門の職員がそれの意味するところをきちんと読み解くことができる場合も、可能かもしれない。

しかし、残念ながらいずれも極めて困難である。実像としては行政評価を用いて予算査定やその場における予算削減にダイレクトに活用するのは現実的ではないだろう。

（3）予算が削減できない行政評価は無意味なのか
〜マネジメントツールとしての行政評価の可能性

では予算削減に役に立たない行政評価は無意味なのだろうか。筆者はそうは思わない。そもそも、現在多くの自治体で導入されている行政評価は「パフォーマンスメジャーメント[5]型の行政評価」と呼ばれているが、直訳すればこれは「業績測定」ということになる。

民間企業であれば決算期に併せて半期毎、四半期毎に業績（この場合は売り上げ、利益など）を公表しており、また公表されない情報として組織内ではさらに細かく月次・週次単位で業績測定を行っているケースが一般的である。

ここでは、売上目標との比較においての達成状況の確認という意味もあるが、むしろ業務や仕事の進捗状況を確認し、それがはかばかしくないようであれば原因を分析し、プロジェクトへの増員などによって早めに手を打ち（てこ入れし）、もってプロジェクトが大幅に遅延したり破綻したりするリスクを極小化することに役立っている。

同様に自治体においても、施策や事務事業の進捗状況を確認し、遅延や停滞が生じているのであればてこ入れ策を検討し、逆に目標値を楽々達成しているのであれば、目標値の見直しや投入している予算や定数の最適化を検討するなど、マネジメントツールとして活用すれば行政評価は充分に有用なツールであり続けるのではないだろうか。

ただし、そのためには課長・部局長・首長がそれぞれの立場で行政評価をきちんと使いこなすことが必要となる。自身が所管している事務事業や施策の成り立ちや最終的に期待されている成果、そこに至

るまでの目標値を明らかにし（Plan）、どのように進捗し（Do）、どのような成果を上げ、どこに課題があるのかを明らかにし（Check）、その結果に基づき仕事のやり方や予算や定数の配分の見直しを行うことで行政評価はその機能を果たすことが可能になるだろう。

なお、この Plan-Do- Check のマネジメントサイクルが適切に運営されれば予算や定数の最適化が図られることになり、結果的にそれらの最適化にも繋がるということができるだろう。特に、枠予算制度[6]を導入している自治体であれば、部局長を中心に組織内の枠配分を見直す必要性が出てくる。その際、行政評価は業務の状況を明らかにし、最適化を図る有用なツールとなる可能性がある。実際に、「枠配分予算を実施している都道府県の75％で評価結果を資源配分の改善に活用できた（田淵　2010年）」との分析結果もある。

4 まとめ

　行政評価は導入の目的として予算削減機能を搭載していなかった（少なくとも重きを置かれてはいなかった）にもかかわらず、自治体の財政悪化や様々な思惑、そして色々といわれても予算重視主義のお役所の掟の中で、予算に影響が及ぼせるか否かが重視された。その結果、予算削減機能が期待され、それが充分に機能しなかった（少なくとも継続的には）ことで、評価疲れ・評価離れが進んだことは繰り返しになるが本当に残念なことであった。

　とはいえ、現在においても事務事業評価のシート及びそこで把握された目標や成果の発現状況は予算査定の現場で基礎資料として活用されており、それはそれで充分に意義のあることだと筆者は考えている。

　また、枠（配分）予算制度を導入している自治体では資源配分の改善に活用されているとのデータもあり、行政評価と予算との連動性をより高めるためには予算制度そのものの改革が必要となるだろう。

　もっとも、筆者は行政評価と予算を強く連動させる必要は必ずしもないと考えている。マネジメントツールとして課長・部局長・首長が積極的に活用していくことこそが重要であり、それによって限られた予算の中で成果を重視した行政経営、プラン偏重の行政からの脱却こそが行政評価が真に求められる役割だと考えている。そして、その機能がきちんと発揮されれば、結果として評価結果が予算に反映されることになるだろう。

補論　外部評価・事業仕分けと予算

（1）はじめに

　予算と評価の別の切り口として、「外部評価や事業仕分け」と「予算」という視点も存在する。そこで本項では、自治体において外部評価制度の導入支援を行ったり、外部評価委員を担ってきた筆者の視点から整理を試みたい。

　まず、外部評価に関しては本来内部評価である行政評価に外部評価を導入することで「事業の改廃」「業務の効率化」「成果指標設定の適正化」などの機能強化を実現し、行政評価の底上げを図る自治体も増えてきている。

　筆者が2007～2009年頃いくつかの自治体で外部評価の導入を支援し、2010年に書籍『自治体の外部評価』（学陽書房）を出版した段階では、一部の自治体で導入が進みつつあった程度の外部評価が2013

図表3-5　外部有識者による評価の実施状況

○外部有識者による評価の実施状況

	都道府県		指定都市		市区町村		合計	
	団体数	構成比(％)	団体数	構成比(％)	団体数	構成比(％)	団体数	構成比(％)
実施している	22	46.8	10	52.6	395	39.7	427	40.3
実施していない	25	53.2	9	47.4	599	60.3	633	59.7

※行政評価を導入している団体を対象。
※外部有識者による評価とは、「政策、施策及び事務事業について、外部有識者の特性や専門性を十分に活用しつつ、より効果の高い政策等に改善することを目的として評価を行っているもの」としている。
出所：総務省自治行政局「地方公共団体における行政評価の取組状況等に関する調査結果」p.2

図表3-6　外部有識者による評価を導入したねらい

〇外部有識者による評価を導入したねらい
(単位：％)

	都道府県	指定都市	市区町村	合計
行政運営の効率化	65.4	83.3	76.3	75.9
行政活動の成果向上	76.9	75.0	74.2	74.4
予算圧縮・財政再建	26.9	50.0	37.0	36.8
企画立案過程の改善	34.6	41.7	33.7	34.0
ＰＤＣＡサイクルの確立	65.4	66.7	55.7	56.6
顧客志向への転換	30.8	33.3	30.9	31.0
住民サービスの向上	30.8	66.7	64.6	62.8
アカウンタビリティ	73.1	100.0	71.4	72.3
職員の意識改革	53.8	75.0	72.1	71.2

※外部有識者による評価を実施している又は実施したことがある団体を対象、複数回答あり。
出所：総務省自治行政局「地方公共団体における行政評価の取組状況等に関する調査結果」p.4

年10月時点で行政評価導入自治体の40％に達しているという（総務省自治行政局の調べ）。

　また、同調査によれば外部評価導入の狙いとして「行政運営の効率化」が最も高く、「行政活動の成果向上」「職員の意識改革」「アカウンタビリティ」等が上位に上げられている（図表3－6）。

　また、行政評価とは直接関係がないが、外部の有識者（仕分け人）や市民が評価を行う事業仕分けも2009年の政権交代後の民主党政権や多くの自治体で行われてきたところである。

　両者の成り立ちには差異があるものの、自治体職員が自ら評価を行うのではなく、外部の評価者（学識経験者や市民）の目線で評価を行う、という点で共通点があり、内部の職員が自ら評価を行ういわゆる一般的な行政評価との大きな違いである。以下にその有用性と欠点・課題について簡単に整理する。

(2) 有用性

　外部の評価者がチェックを行うことの有用性として、しがらみがないこと（職員では利害関係者との距離が近すぎて思い切った改革が打ち出しにくい）、別の視点で見直すことができる（職員と違う視点で見直すことで新たな改革の切り口を発見）、市民の感覚・生の声を把握できる（市民を評価者に入れた場合）などがあげられる。

　これらは、行政評価が喪失しつつある予算削減機能を補完しうる可能性がある。もちろん、外部評価も事業仕分けも一義的に予算を削減することを目的に実施するものではないとされているケースがほとんどである。他方で、使ったお金が役に立っているか（構想日本・事業仕分け）という視点が重視され、結果的に予算削減に繋がっていく形となっており、またその期待が高いのも事実である。

　また、公開の場で行われることが多い外部評価の場合、住民への行政の現状の説明を通じたアカウンタビリティの機能を補完するという効果もまた期待できるところである。

(3) 欠点・課題

　他方で、決定的な弱点もある。

① 外部評価の位置づけ・根拠

　まず組織内における法的（条例的）な根拠がなく（あるいは、ごく薄く）、評価結果は「あくまでも参考意見」とされる点である。当然のことながら、事務事業に付いている予算は市民の代表たる議員によって構成されている議会によって議決されることで効力が生じる。

　他方で、事業仕分けや外部評価が同様の権能が与えられているわけではなく、また市民の代表でも何でもない任意の第三者（評価者が市民であっても同様）が評価を行う以上、参考意見以上になり得ないのは当然である。

② 評価者の質

　もう一つの課題は、評価者そのものである。自治体は千数百〜数千の事業を抱えており、まさにゆりかごから墓場まで、森羅万象ありとあらゆる事象を取り扱っている。筆者も、外部評価の事前評価担当（外部評価委員の評価を受ける前に、評価対象事業の絞り込みや課題の整理などを実施）や外部評価委員として数百の事業をチェックしてきたが、「こんな事業があるのか」と驚く機会が数多くあった。

　それを初見である程度理解し、限られた時間の中で課題を発見し、的確に指摘できる評価者は世の中にどれくらい存在するだろうか。加えて、評価者の中には充分な根拠もなく「だから役所はだめなんだ。民間企業なら１／３のコストでできる」と発言したり（民間企業の経営者などに多い）、恫喝的な発言をする評価者も残念ながら少なくない。

　これは被評価者である職員からすれば「事業の中身も分かっていないくせに」「権限もないくせに」と思うだけで、結果的に評価結果を受け入れず、新規に組まれる予算に反映されない大きな要因になっていると筆者は考えている。実際に、外部からの評価を受けたが、評価結果は一切反映されなかったというケースも耳にしたことがある。これでは何の意味もなさない。その意味では、「北風と太陽」の童話の顰（ひそ）みにならい「太陽型」の評価者を選び、より評価結果を納得してもらうことで実効性を高めることが重要になる。

　もっとも、限られた時間の中でありとあらゆる分野に広がる自治体の事務事業の課題を見つけ出し、的確に指摘し、かつ「太陽型」で納得感高く説明することができる評価者を選定するのは砂浜で金を探すような難しさがあるのもまた事実である。

(4) 予算の削減効果

① 首長の意思（やる気）×評価結果の納得感

　事業仕分け・外部評価の予算の削減効果に関しては、その導入目的

として事業等の改廃を念頭に置き、その結果として予算削減を強く打ち出しておけば、一定の効果は発揮できると筆者は考えている。

ただし、その実効性は首長の意思と評価結果の納得感のかけ算によって形成されると筆者は考えている。要は首長がある程度やる気になり、評価結果を尊重する方向性を強く示せば評価結果がより実際の事務事業に反映されることになる。また、評価者から納得感が高い評価結果が得られれば、事務事業に反映せざるを得ない状況に自ずと到達することになる。

両者はかけ算の関係にある以上、どちらかが「0やマイナス」であれば、他方の数値がどれほど良くても効果が発揮されないことになり、実効性を担保することは非常に難しいのである。

② **廃止すべき事業と外部評価**

もう一つ事業仕分けや外部評価で予算削減を後押しできる可能性があるパターンがある。

それは「現場が時代の変化や利用者数の減少などでもうやめても良いと考えている事業」だが、過去の様々な経緯や利害関係者の存在、その他様々な理由によりやめるにやめられない事業を外部評価によって後押しし、結果的に事業の廃止と予算の削減を達成する方法である。

「現場が時代の変化や利用者数の減少等でもうやめても良いと考えている事業」であれば、現場が自ら行う事務事業評価で廃止できそうなものだが、そう簡単に話は進まない。

例えば、外部評価などでよくお目にかかる事業として「敬老祝い金」がある。要は一定の年齢の節目（70歳から10歳刻み、もしくは米寿・喜寿など）毎に数千円〜1万円程度の現金、もしくは記念品を配る事業が多くの自治体で行われている。

これは高齢者がまだ少なく、平均寿命も現在ほど高くなく、税収も右肩上がりだった時代の典型的な「ばらまき事業」である。残念ながら約10年に1回程度、数千円〜数万円程度給付したとしても抜本的に生活を支える機能が担えるはずもなく、「長く生きてこられたこと

をお祝いする」以上の政策的な意義は全く見いだせない。

　ましてや高齢者が総人口の1/3を占め、社会保障費が増大している時代においては、一刻も早く廃止し、社会保障費の穴埋めを図るのが正しい政策判断だと思われるが、議会筋からの反対が強い事業でもある。

　このような事業を廃止するためには膨大な調整作業が発生することが多く、自ら廃止を打ち出すにはリスクが大きく、事務事業評価上は「一定の成果が上がっている」等と評価してそのまま継続されているケースが少なくない。

　これらに関しては事業仕分けや外部評価で事業の意義や有効性等を再整理してもらうことで問題点が明らかとなり、評価後、庁内の意思決定、特に改廃に係わるものがスムーズに進むことがある。これはこれで予算削減の効果的な方法だと筆者は考えている。

　他方で、この方法を多用すると、議会筋から睨まれて事業仕分けや外部評価そのものが廃止される恐れがあることと、外部評価者から「廃止するべきと組織内でわかっているものをわざわざ外部評価にかける必要はない」と指摘を受けるケースがあり、留意が必要である。

注
1　例えば分権型社会に対応した地方行政組織運営の刷新に関する研究会（2005年4月）最終報告書では「評価結果が予算や組織・人事管理などの行政の意思決定の中核において十分に活用されず、現場の意識改革や施策・事業の改善のツールとしても有効に機能していないことが多い。その結果、評価結果がマネジメントにおいて活用されず、行政評価を行うこと自体が自己目的化し、担当者の負担感ばかりが増すことにつながっている。」と指摘している。
2　総務省自治行政局「地方公共団体における行政評価の取組状況等に関する調査結果」平成26年3月
　　http://www.soumu.go.jp/main_content/000280723.pdf（平成27年5月現在）
3　同調査結果　p.3
4　行政改革会議　最終報告「Ⅲ　新たな中央省庁の在り方　5　評価機能の充実強化」（平成9年12月）
5　ある公共政策や公共プログラムの目的や目標を明らかにして、それを測定するための成果指標と数値目標を決めて、事前（ベースライン）・中間・事後に定期的にその指標値を測定する」ことにより「当初の数値目標がどれだけ達成された

かを評価し、現場での実施改善と意思決定（人事と予算を含む）とアカウンタビリティ（説明責任）の改善に利用していく仕組み（2001　佐々木、西川）。
6　予算を事業や目・細目毎に査定し積み上げていくのではなく、部局単位に予算を割り当て、その運用は部局の裁量に委ねる予算制度。部局に割り当てる前にシーリングをかけることで積み上げによらない予算削減を実現しつつ、割り当てた予算は自由裁量に委ねられるため、部局の望む形で執行がしやすくなる「飴と鞭」が包含された制度。財政当局による細かな予算査定が行われないため、その業務軽減の効果も期待できる。成功させるためには財政部門の権限（及び定数）の委譲と部局のマネジメント能力の両方が必要となるが、両立できている自治体は多くないのが現状である。

■参考文献

- 梅田次郎　2002年「意識改革と政策形成：三重県庁における自治体組織運営の変革プロセス」
- 日本公共政策学会年俸委員会編　『公共政策研究』第2号　有斐閣　pp.55-69
- 行政改革会議「最終報告」1997年12月3日
- 佐々木亮・西川シーク美実　2001年「パフォーマンス・メジャーメント－最近の傾向と今後の展望－」日本評価学会『日本評価研究』　p.45
- 田淵雪子　2010年「地方自治体における行政評価12年の歩みと今後の展望」三菱総合研究所『三菱総合研究所所報』53号　p.37
- 分権型社会に対応した地方行政組織運営の刷新に関する研究会「分権型社会における自治体経営の刷新戦略－新しい公共空間の形成を目指して－」2005年4月　総務省
  http://www.soumu.go.jp/iken/kenkyu/050415_k04.html（2015年9月現在）
  p.70
- 吉田博・小島卓弥　編著　2009年『自治体の予算要求　考え方・つくり方』学陽書房　p.136
- 大前研一　2013年『クオリティ国家という戦略』小学館

第 **4** 章

公共施設改革と予算

1 はじめに〜公共施設改革の必要性

　NPM改革により、行政評価の導入（第3章を参照）など、様々な行財政改革が進んだが、公共施設改革は遅れをとっているのではないだろうか。正確には指定管理者制度の導入による管理業務の民間開放やPFIに代表される調達手法の見直しなど、着手されてきた改革も少なくない。しかし、公共施設数の削減、統廃合、廃公共施設の有効活用などに関しては充分な成果が得られていないのが現状である。公共施設が減っていないということはそれに付随して生じている施設の維持管理コスト（ランニングコスト）もまた高止まりしていることになる。

　さらに、後述するように高度成長期に建設された公共施設の老朽化が進み、また耐用年数に達していなくとも旧耐震基準で建設された施設は、大震災が生じたときに充分な安全性が確保できていないものも含まれており、対策が急務である。これらの問題は個々の施設の管理の問題にとどまらず、むしろ中長期的な自治体財政に大きな影響のある問題であると認識する必要がある。公共施設改革の先進自治体の一つである浜松市では、今後50年での公共施設の改修・建て替えに要する経費を約1兆3000億円、年単位で約260億円と試算した。そして、現在、公共施設の新築・改築、耐震改修等に投入している経費は約90億円／年であることから、公共施設を現状のまま維持することが困難である、という認識が改革の大きなトリガーとなったという[1]。そして、この問題は全国の自治体に等しく生じている課題である。

　そこで、一見、本書の主題である「自治体予算」と関係が薄そうな公共施設問題に関してあえて紙幅を確保し、「財政危機時代における公共施設改革の必要性」と銘打って課題整理を試みたい。

2 なぜ公共施設改革が必要か

そもそも論として、今なぜ公共施設改革が必要なのだろうか。以下に主だった論点を整理してみたい。

(1) 耐震性能の不足

　既述の通り、自治体が保有する公共施設の約半数は高度成長期に建設され、かつ耐震基準が現行のものと比べて緩やかな時期に建設されている。これは近年、導入が進みつつある公共施設白書[2]（自治体が自ら保有している公共施設の現状を網羅的に整理したもの。詳細は後述。）で明確化されつつある。

　図表4-1は、武蔵野市の公共施設白書で整理された築年別整備状況である。これをみると、昭和56年以前の旧耐震基準[3]で建設された施設が全施設の約半数（面積ベース）に達していることが分かる。これは、武蔵野市特有の事象ではなく、多くの自治体において同じような傾向を示している。

　既に武蔵野市では、旧耐震基準時代に建設された施設の耐震化が終了しているそうだが[4]、多くの自治体では特に学校以外の施設を中心に耐震化が遅れている傾向があるようだ。

　もちろん、旧耐震基準の時代に建設されたからといって、施設ごとに地震に対する余裕率が異なるため一概には整理できないが、耐震補強や改築などの対策が必要な公共施設は全国に数多く残されている（旧耐震基準時代に建設されたにもかかわらず、耐震強度が把握されていない施設すら少なからず存在している）。そしてその中には自治体

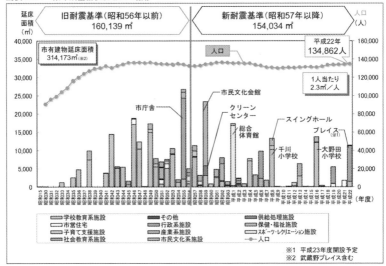

図表4—1　武蔵野市・築年別整備状況

出典：（人口）平成21年度版武蔵野市地域生活環境指標（建物延床面積）施設課総合台帳
出所：武蔵野市　公共施設白書

の中枢である本庁舎なども含まれているが、厳しい財政などが原因で思うように耐震補強や建て替えが進まない現状がある。

（2）平成の大合併

　平成の大合併により自治体の数はおおよそ半減した。これによって議場や本庁舎、近隣地域にある重複施設などに多くの余剰が発生した。しかしながら、これらの余剰施設の削減や有効活用が充分に行われておらず、合併によるコスト削減効果が充分に生み出せない要因の一つとなっている。

　もっとも、本庁舎は合併したといえども分散庁舎制を導入[5]しているケースや、役所の機能の大半は合併後の本庁舎に移行したものの、地区の出先機関（分庁舎）などとして施設の一部を利用しているケースも多く、施設の一部、もしくは大半は不要になっているものの完全

に削減できない自治体が多いようだ。

そこで、余剰となったスペースに銀行や郵便局などテナントを誘致し、有効活用を図っているケースもあるようだ[6]。しかし、執務室の大半が仕切りのないフラットなスペースとなっていたり、逆に議場は階段状のスペースの使い勝手が悪い上に天井が高く空調の効きが悪いなどの問題を抱えており、有効活用が進まない一因となっている。

(3) 職員数の減少

庁舎に勤務している職員数も減少傾向にある。総務省の調査では平成6年からの20年あまりで16%の職員が減少していることが把握されている（図表4－2)。この数字は全自治体の職員数を足し上げたものなので、それぞれの自治体によって濃淡はあるだろうが、全体的な傾向として職員数が減っていることがみてとれる。

職員数が減少するということは当然のことながら職員が勤務するスペースにもそれに応じた余剰[7]が発生していると考えられる。しかし

図表4－2　自治体の総職員数の推移

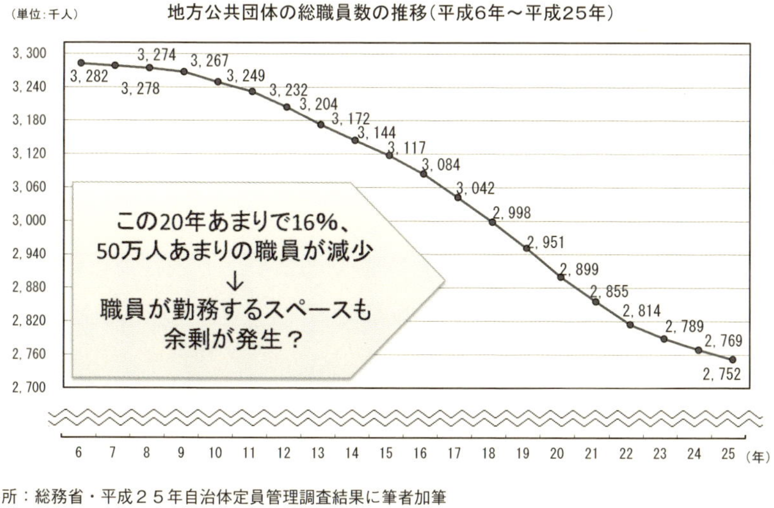

（単位：千人）
地方公共団体の総職員数の推移（平成6年～平成25年）
3, 300
3, 240
3, 180
3, 120
3, 060
3, 000
2, 940
2, 880
2, 820
2, 760
2, 700
3, 282
3, 278
3, 274
3, 267
3, 249
3, 232
3, 204
3, 172
3, 144
3, 117
3, 084
3, 042
2, 998
2, 951
2, 899
2, 855
2, 814
2, 789
2, 769
2, 752
この20年あまりで16%、
50万人あまりの職員が減少
↓
職員が勤務するスペースも
余剰が発生？
6
7
8
9
10
11
12
13
14
15
16
17
18
19
20
21
22
23
24
25
（年）

出所：総務省・平成２５年自治体定員管理調査結果に筆者加筆

図表4-3 典型的な島型レイアウトにおける職員減後の状況

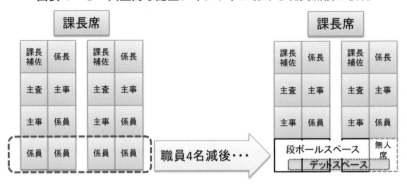

図表4-4 レイアウトを機動的に見直しスペースを有効活用

実際にはなかなかそうならないのが実態である。

　図表4-3は左側は多くの役所で設定されている島型レイアウトである。管理職が窓側に陣取り、以下役職順に職員が配置されている。ここから4名職員が削減されると4名分の席が不要になる。しかしながら、島型レイアウトの下4席が不要になっても、他の部署が移ってくるには使いにくく、さりとて打ち合わせスペースとして活用することも困難なデットスペースとなってしまうケースが多く、数ヶ月もするとファイルや段ボールが置かれることになってしまう。

　こうなると、職員数が減っても職場的にはそれに見合ったコスト削減効果は得られない。

しかし、図表4-4のように島型レイアウトをより小さな島を作る形に整理すれば、4席分のデットスペースをちょっとした打ち合わせに便利な共有会議スペースにすることも可能である。

あるいは、この4席の島を組み合わせることでレイアウトを詰めていけば、より多くの部署を同じフロアの中に収容することが可能になる。

多くの自治体では、本庁舎だけでは職員を収容することができず、近隣の民間ビルなどを間借りしているケースが多い。職員減を活かせるレイアウトを構築することができれば、職員に負担をかけることなく外部に借りているスペースを圧縮し、歳出を減らすこともまた期待できるのである。

（4）人口の減少と公共施設

もう一つの大きな課題として人口減少社会の到来があげられる。

元岩手県知事の増田寛也氏を座長とする日本創成会議・人口減少問題検討分科会が発表した「ストップ少子化・地方元気戦略」（2014）では、人口再生産力人口（人口の再生産を中心的に担う20～39歳の女性の数）に着目した市区町村別将来推計人口を行った。その結果2010～2040年の間にこの人口再生産力人口が5割以下に減少する市町村（同分科会ではこれを消滅可能性都市と定義）数は、896自治体、全体の49.8％に上ることが明らかとなり、日本全国に大きな衝撃をあたえた。

公共施設改革全体を考えた時に、この30年という期間は決して長いスパンではない。鉄筋コンクリート造りの施設であれば40～60年は使用可能であり、近年建設された施設の利用想定人口が、施設の耐用年数の半分に過ぎない30年後には50％以下になってしまう。しかもそんな自治体が全国の半数に達することを本データは示しているからである。

もちろん、日本創成会議の推計は「現状のままでは」というのが大

前提であり、早急に対策を打つことの重要性を強く指摘している。他方で、近年様々な少子化対策が打たれる一方で、劇的に出生率が改善してこない状況をみれば人口増加を具体化させていくのは非常に困難となっている。

　従って、予算の視点ではこの厳しい人口推計を織り込みながら、現状の施設の見直しに加え、中～長期的にも公共施設の最適化を図っていくことが求められることになる。

(5) 施設のランニングコスト

　そして、最も大きな課題は施設のランニングコストの問題である。公共施設は建設する際のコスト（イニシャルコスト）の巨額さばかりに目が行きがちである。しかし施設を建設してから壊すまでのトータルコストであるライフサイクルコストで考えた時、建設費の割合は30％に過ぎないという（図表4－5）。しかも、施設の中には国からの補助金等が一定程度負担されるものもあり、自治体の財政面での負担は実際に要する額程ではないことも少なくない（それでももちろん高額ではあるが）。

図表4－5　建物におけるライフサイクルコストのイメージ

出所：清水建設HP[8]

図表4−6　予算への施設維持管理費の影響（デフォルメイメージ）

　結果として、イニシャルコストの負担のみを注視し、不要とまでは言わないが不急であったり、需要に対して過大な施設を建設してしまうことはこれまでもあり、現在も全く無くなったとはいえないだろう。

　他方で建設するとライフサイクルコストの残り70％に相当するランニングコストである光熱水費や定期的な修繕費・更新費、管理費など（この中には管理に従事する職員の人件費や指定管理者への委託費なども含まれる）が必要となる。このランニングコストは施設を建てた以上、壊すまで継続的に発生するものであり、また施設が老朽化すればするほどコストが増えることになる。加えて、建設費との対比でいえば建設費には補助金が付くものが多いが、ランニングコストを補助金で補填できるケースは多くなく、まるごと自治体の負担となるケースが多いことも予算上では重要なファクターである。

　このランニングコストに関しては繰り返しになるが施設を建てた以上、施設を壊すまで継続的に発生することになるのみならず、施設の劣化によって増加することはあっても減ることはない。

　そういう意味で予算の面から公共施設のランニングコストを見直すと、実は隠れ固定費化していることが分かる。しかも多くの場合、公共施設を建設する際には起債しているため、図表4−6にあるように目に見える固定費の地方債費と目に見えない固定費のランニングコストが二重に発生し、財政（予算）の弾力性を奪う大きな要素となっている。

今後も少子高齢化の傾向が続く中で扶助費等の増額が予想される厳しい財政状況が続く時代において、施設の最適化、もっと言えば統廃合等による思い切った削減を行い、施設のランニングコストを下げていくことが予算編成上の大きな宿題として今後クローズアップされていくだろう。

3 だからこそ必要な公共施設改革、だけど進まない公共施設改革

(1) だからこそ必要な公共施設改革

　以上2で整理した5つの理由をまとめると、公共施設の安全性（耐震性）を考慮すれば、耐震性の低い施設は早急に改築・耐震改修する必要があるが、財政的な問題からそれが許されない現状がある。さらに、平成の大合併や人口減少、職員数の減少等による余剰施設（スペース）が増加する一方でそれらの縮小や有効活用は充分に進んでいない。

　そして、公共施設は保有しているだけで固定的にランニングコストが発生し財政の弾力を奪う一方、余剰施設の見直しが進まない中で付随してランニングコストも高止まりしたままになっているなどの複合的な課題を抱えている。

　厳しい財政状況を考慮すれば、一刻も早く施設のダウンサイジング、端的に言えば施設の絶対数を減らす取組みをスタートさせるべきである。既述の通り、施設は保有しているだけで毎年度ランニングコスト

図表4-7　公共施設改革を取り巻く現状（イメージ）

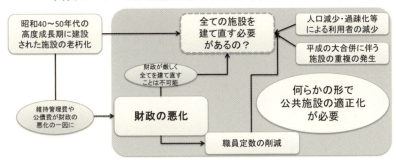

が発生してしまう。これに対する根本的な対策は施設をなくしてしまうことに他ならない。特に合併や職員数・人口が減少している状況下で間違いなく施設の余剰は発生しており、削減する余地も充分にあるはずである。

（2）されど進まない公共施設改革

　ただ、簡単に進まないのが公共施設改革の難しいところである。公共施設そのものの利用者の利便性が落ちることはもちろんのこと、地域の象徴としての公共施設（特に学校や合併自治体の旧本庁舎など）を廃止する際には普段利用している、いないに係わらず地域住民の反対が巻き起こることになる。

　実際に、公共施設改革の先進自治体で施設の最適化を担当している職員に聞いた話では、実際に施設を利用している住民は、最終的には代替施設・サービスを明確にすることで統廃合にはある程度納得してもらえるという。問題なのは普段施設を利用しない住民の方で、代替施設を示そうが何をしようが納得せず「とにかく施設の廃止反対！」の立場から動かないことだそうだ。

　後者のような反対が頻発する中で、公共施設の見直しを行う担当者にしても、もっといえば首長も議員も公共施設改革を積極的に行うインセンティブはどうしても低いものとならざるを得ない。さらに、反対にまみれて公共施設改革を推進したとしても、短期的には財政的なメリットが得にくいことも見通しが進まない傾向に拍車をかけることになる。

　例えば、2つの施設を1つに統廃合した場合、中長期的には施設1つ分のランニングコストがまるまる浮くことになり、財政的なメリットが少ないものではない。廃止施設や土地が売却できればなおのことである。

　しかし、短期的には統合先の施設への引越し料金、特殊な設備が必要な場合には一部改築なども必要になる。施設が廃止になれば箱物ご

と買い手が付かないかぎりは施設を壊す必要も出てくる。これらの結果として、財政的なメリットが出てくるまでには少なくとも数年は要してしまう。

　しかも、施設の統廃合計画をプランニング⇒住民説明会を開き（反対にまみれながらも）住民を説得⇒議会の承認⇒施設の統合（引越し＋改築等）⇒廃止施設を壊す……までのタイムスパンは簡単に4〜5年を要してしまう。こうなると、財政的なメリットが出てくる頃には本件で汗をかいた担当職員は異動し、首長は任期を終えているかもしれない。それを考えれば住民に反対されるリスクを負ってまで施設の改廃に動こうというインセンティブはなかなか得られないのが現実である。

　とはいえ、自治体の今が過去からの政策判断と財政投入（資産蓄積）の集積（結果）と未来からの預かりものである以上、顕在化している課題を解決し、よりよい状態で未来に引き渡す義務がある。だからこそ公共施設改革は避けては通れない見直しの一つであることは間違いない。

4 公共施設改革をいかに進めるか

　では、公共施設改革はどのように進めて行けば良いのだろうか。以下に簡単に整理する[9]。

（1）現状の把握〜公共施設白書（及び固定資産台帳）の活用

　まず、第一に必要なのは公共施設の現状把握である。これは公共施設改革に限った話ではなく、あらゆる業務改善の基本の「き」である。しかし、公共施設はこれまで施設ごとに所管部門が縦割りで管理してきたケースが多く、統一的な実態が把握されず、しかも把握するためのフォーマット（台帳）なども統一されていないケースが多かった。

　しかしこの問題に関しては、公共施設（マネジメント）白書が導入されることでかなり改善されたといえる。公共施設白書とは作成する自治体によって微妙に異なるものの、施設の建設時期、建物の種類、延べ床面積から建設時のイニシャルコストや現状のランニングコスト、施設の耐震状況、利用状況など、自治体が保有する各種公共施設の現状について把握したものである。

　これにより、自治体が保有する施設を網羅的に把握することが可能になり、課題を顕在化させることができた。また、同一エリアに存在している施設の利用率分析等を行うことによって、統廃合の検討を行うことも可能になった。

　例えば、公民館、コミュニティセンター、農村交流センター…これらは住民の目から見ればいずれも一般的な貸し館施設である（調理場

の有無などの細かい差こそあれ)。しかし、補助などの出元からみると公民館は文部科学省、コミュニティセンターは総務省など、農村交流センターは農林水産省と異なり、それによって施設そのものを所管している部署も別々になっていることが多い。

　例えば、これら3つの施設が比較的近くに存在し、それぞれ30％程度の稼働（利用）率に留まっていた場合、1つの施設に統廃合することで運営コストを引き下げることが可能になる[10]。住民からすれば施設の名称や補助金の出元がどこであれ「貸し館機能」が提供されればサービスの水準が著しく下がることはない（住民によって多少家から遠くなるなどの弊害はあるだろうが）。

　このように縦割りで管理したままだと見直しが進まない公共施設も一覧で整理することによって、より合理的な見直しが可能になる。その意味で、公共施設白書は公共施設改革に着手する議論の前提を提供するツールとなりえる。

　加えて、新地方公会計制度を導入するに当たり固定資産台帳を導入した自治体では取得価格と耐用年数から公共施設を現状のまま維持していくための更新費用等も推計できるようになる。これと公共施設白書を組み合わせれば、資産・利用状況・地理的状況等をより総合的に把握することが可能になる。

　しかしながら、これらを作成しながらもなかなか公共施設改革が進んでいない自治体も数多い。その要因として公共施設改革自体が非常に難易度の高い改革だからというそもそも論に加え、公共施設白書自体の作成目的が「現状把握そのもの」となっているのではないか、という疑念もある。

　実際の白書を見てみると施設改革を検討する際の判断基準となり得る施設の利用率や施設ごとの耐震性能（これはそもそも白書作成以前から把握していない可能性も多分にある）を把握していないものが少なくないことがあげられる。大前提として、現状把握は改善の意識があってこそはじめて調査項目を決めることができるわけで、厳しい言い方をすれば「仏作って魂入れず」になっていないだろうか。

(2) 利害関係者をいかに説得するか

　既述の通り、公共施設に関しては施設そのものの利用者のみならず、様々な利害関係者が入り組んでおり、財政学的・経営学的には合理的な見直しに関しても、合理・非合理様々な理由で反対されることがままあり、公共施設改革の大きな妨げとなっている。改革の妨げの中には実際に改善案を提示して反対されるケースのみならず、反対されると大変そうなので、あえて検討のテーブルに乗せていないというケースもあるだろう（実際には後者の方が多いかもしれない）。

　ただ、本章で繰り返しているように、財政悪化時代において公共施設改革は必ず必要になるものであり、遅かれ早かれ対応しなければならない課題である。従って、まずは財政学的・経営学的には合理的な見直し案を作成し、実際の議論の俎上に上げていく必要がある。

　この際留意すべきは「ⅰ．全ての反対者を説得することは事実上不可能であること」、を前提としつつも「ⅱ．利用率やランニングコストやこれから建て替えに要するコストなど、客観的な事実をきちんと説明すること」を尽くし、「ⅲ．実際に施設を利用している住民の利便性への悪影響を極小化する努力を図ること」の３点である。

　ⅱ．に関しては公共施設白書のデータ等を用いて丁寧に説明すること、ⅲ．に関しては類似施設の代替化を含めて利便性の悪化の極小化を図ることが重要である。この際、必ずしも自治体自前の施設にこだわる必要はなく、隣接する自治体と公共施設の相互利用協定を締結し[11]、他自治体の施設をもって代替施設とする方法も有効である。

　このように、ⅱ．ⅲ．などを丁寧に行うことが実際に施設を利用する住民の理解を深めることに繋がり、ひいてはⅰ．を乗り越え、結果として公共施設改革を具現化していくための最短ルートになるのではないかと筆者は考えている。

（3）廃止後

　前に述べた（2）が適切に終了し統廃合などが行われた後、廃止される施設の取り扱いもまた留意が必要である。最も望ましいのは、箱物を残す、更地に戻すことにこだわらず売却してしまうことである。これにより、施設を保有する財政上のデメリットである「ランニングコストの解消」が果たされるだけでなく、売却したことによる歳入（額の多寡はともかくとして）が確保される。市町村の場合は民有化されれば固定資産税の増加も期待され、一石三鳥である。ただ、このようにきれいに売却できる施設は限られるだろう。

　その要因として次の2点があげられる。一つ目はそもそも利用率・利用者数が少ない施設は不動産としての価値も低く、買い手が付かない可能性があること。もう一つは役所内外から様々な理由で廃止は許容されたが、売却は認められず別用途での再利用を求められるケースがあるからである。

　やっかいなのは後者で、小中学校のように著しく生徒数が減少した場合、廃校もやむなしという結論が得られても「学校を廃止するのはやむを得ないが、学校を有効活用して地域の拠点として欲しい」などの要望が寄せられるケースである。この種の要望は住民だけでなく、議会等から条件が付けられる可能性がある。

　また、役所内部から「将来、別の公共施設を建設する可能性があるため、種地[12]としてとっておく」という議論が発生することもある（実際に筆者は外部評価の現場で何度か遭遇している）。土地の高度利用[13]等で余剰土地が出た場合等もこの「種地」が主張されることがある。

　しかしながら、廃止しても施設や更地が残ってしまえば一定程度の光熱水費や防犯対応コスト、施設の修繕（外壁の塗装等）、草刈りなどのコストは残ってしまい、せっかく廃止してもランニングコストの削減効果がごく限定的になってしまう。

　従って、廃止を決定した施設に関しては自治体が直営で利用するこ

とがないことを大前提として整理するなどの方向性を定める必要がある。種地を主張する場合も、数年以内に確度が高い利用策がある、もしくは複数の施設を統合して建設するなどの予定がない場合は認めないなど、厳しい運用ルールが必要となってくるだろう。

(4) 売れない公共施設の活用方策

なお、過疎地などにあり、売却したくとも売却できない廃校や公共施設に関しては、施設を手放すことで、自治体の負担をなくすことができない。この場合は低廉な賃料で貸出し、地域振興に繋げるなど、手放すべき公共施設を民間ベースで有効活用してもらうのが適当だと考えられる。実際に栃木県那珂川町では廃校をトラフグの養殖や製材所兼バイオマス発電所として民間に活用してもらい、地域振興に繋げている[14]。

この種の取り組みは幾つかの自治体において成功事例が生まれてきており、施設の特性や地域のニーズ・シーズに合わせて活用が進むことが望まれる。ただし、本来であれば売却できる施設をずるずると保有し続けることは厳に慎むべきである。

5 財政部門が主導し、全庁的に進める必要がある公共施設改革

　ここまで整理してきたように、公共施設改革はもはや待ったなしの状況であり、しかも施設を保有する一部局の問題ではなく全庁的に取り組まなければならない課題でもある。なぜならば施設の最適化は自治体全体で取り組む必要があり、機能が似通っているが所管が違う施設を統廃合する、あるいは近隣自治体との施設の相互利用協定を結び統廃合施設の代替施設化を図るなど、自治体全体あるいは自治体の枠を超えて地域の公共施設すべての最適化を図っていく必要があるからである。

　その上で冒頭に記したとおり、公共施設改革は中長期的な自治体財政のあり方に大きな影響を与える課題であり、その意味において財政部門が主導して改革を推進していくべきだと筆者は考えている。むろん、今後50年を見据えた公共施設のあり方を考えていくということは、まちづくり、ひいては自治体の姿そのものをプランニングしていくことに繋がる。ゆえに、既存施設の所管課や企画部門等と一体的に検討を進めていくのは大前提である。

　他方で、建て替え費用・耐震補強費用・維持管理費用などいずれをとっても高額な公共施設関連予算は中長期的な計画を立てて、適切に管理をしていくべき財政問題でもある。また、廃止する施設を壊す際には一定の予算（壊す費用＋引越し費用＋引越し先の改築費用等）が必要になるが、施設廃止に前向きではない上に、専門的なノウハウに乏しい原課にさらに予算要求をさせて執行させる、というのでは協力も得られないだろう。

　これらを総合的に考えると、財政部門が中核となり、これに企画や

行政改革（事務事業の見直しと連動して見直しを行う）、管財部門（箱物管理の専門家としての知見提供）、施設を多く所管するセクション出身者を集め、公共施設改革を一元的に所管し、公共施設の現状把握、それを受けた施設の最適化を判断する評価の実施、役所全体の施設最適化計画の決定と推進、施設改廃に伴う予算・執行の一元的管理を行う専担組織を設ける必要があると筆者は考えている。さらに責任者は副知事・副市区町村長を配置するなど、より実効性を高める工夫も必要になるだろう[15]。

　他方で、これまで施設を管理してきた施設の所管部門が公共施設改革と無関係で良いわけでは当然ない。施設が統廃合されようとも事務事業・行政サービスが全くなくなるわけではなく、住民サービスの低下を最小限に食い止める工夫が求められる（事務事業のニーズが著しく低いわけではない前提で）。加えて、全庁的にも公共施設改革の必要性を周知し、施設の有効活用に関して啓蒙を図るような活動を行うことで、職員一人ひとりが箱物の改革から職場のスペースの有効活用まで改革意識を高め、改革を積み上げていく必要がある。

　また、一定規模以上の自治体には一級建築士の資格を持つ職員も在籍しており、特に耐震性能の問題や長寿命化に関しては高いノウハウを有しているはずである。これら庁内のあらゆるノウハウ、そして日々仕事をしている上での「気づき」を総動員し、公共施設改革を推進していくことが今後重要になってくるだろう。

6 最後に

　社会保障費が増大し自治体予算全体を圧迫している現代において、さらにそれを圧迫しかねない要素として浮上してきた老朽化～老朽化しつつある公共施設の更新問題は、重要な財政問題として顕在化しつつある……というよりは既に顕在化していたものを放置していた、というのが実態かもしれない。

　本章で何度も繰り返してきたように、公共施設は建設する費用もさることながら、維持・管理に係わるランニングコストこそが大きく、施設があり続ける限りそれが固定費化して財政の弾力性を奪い続けることになる。そして、それを抜本的に解消するためには施設の必要量を見極め、余剰分を統廃合するだけでなく、売却などをして完全に手放す必要がある。

　他方で、公共施設を廃止するに際しては議会・住民から合理・不合理取り混ぜた様々な反対が寄せられ、これまで公共施設改革が進まない大きな要因となっていた。しかしながら、自治体財政悪化が恒常化しつつある現代において、もはや公共施設改革を先送りすることはもはや至難であり、一刻も早く着手しなければならない。

　それでも公共施設の実態すら全庁的に把握されていなかった時代に比べれば、公共施設白書や新地方公会計制度（やその導入に伴う固定資産台帳の作成等）の導入により、実態はクリアに把握されるようになった。また、ファシリティマネジメントの考え方の導入など、公共施設改革手法も充実してきており、あとは実践あるのみである。

　旧耐震基準で建設された施設が保有施設の約半数に達し、また新耐震基準で建設された施設が30年を超えはじめた今が公共施設改革に

着手するラストチャンスである。これを過ぎれば、余剰施設の維持管理費が財政を圧迫し続けるだけでなく、本当に必要な施設を更新する財源を捻出することすら難しくなっていくだろう。

　なお、本章では公共施設の問題についてのみ取り上げたが、同様の問題は道路や水道などインフラにも生じている。公共施設では幸いなことに老朽化による倒壊（災害などを除く）による人的被害は生じていないが、インフラでは中央自動車道笹子トンネルのように死傷者が出るような事故もいくつか発生しており、この対応も待ったなしである。

　本章を目にした読者がその重大性に気付き、一刻も早く課題解決に向けて動き出すことを祈念してやまない。

注

1　『ここまでできる実践ファシリティマネジメント』（小島　2014年）第14章に詳しい。
2　公共施設マネジメント白書など名称は各自治体ごとに微妙に異なる。
3　旧耐震基準では概ね震度5強の震度に耐えられることが基準とされてきたが、昭和57年の改正により、震度6強〜7に達する程度の地震で倒壊・崩壊しないことが基準とされることになった。http://www.mlit.go.jp/common/000188539.pdf
4　武蔵野市「公共施設白書」p.19
5　旧A市役所には○○部と××部と議場、旧B町役場には▲▲部と□□部のように庁舎を一本化せず、旧庁舎を部局単位で使い分ける方法。施設を新設するコストが必要ない、合併協議会で納得を得やすいなどのメリットがあるが、議会対応や役所内の調整コストの増大、組織としての一体感の欠如などのデメリットもある。
6　南魚沼市で合併により不要になった議場をコールセンターとして賃貸したり、浜松市では同様に旧庁舎を金融機関や郵便局等に貸し付けている。
7　トイレや廊下等の共用スペースに変化はないが、職員の執務スペースは職員1名が減ればそれ相当分（机1つ分）のスペースが減り余剰が発生することになる。
8　https://www.shimz.co.jp/tw/topics/isol/02blc.html（2015年10月1日現在）
9　より詳しくは拙編著『公共施設が劇的に変わるファシリティマネジメント』（小島　2012年）を参照のこと。
10　補助金を得て建設した施設の場合は、その処理に留意が必要。
11　地方自治法第244条の3第2項に定めがあり、近隣の複数の自治体で協定を結び、協定を結んでいる自治体に住む住民はそれぞれの公共施設をそれぞれの自治体の住民と同じ条件で利用できる制度。これに関しては拙著『ここまでできる実践ファ

シリティマネジメント』(小島　2014年)第9章に詳しい。
12　ここでいう種地とは「新たな公共施設を建設するための予定地」という意味で用いられる。より正確に表現すれば「新たな公共施設をもしかすると建設するかもしれないからとっておく（おきたい）土地」の意。
13　複数の施設を統合するに際し、それをより高い階数の建物等に移行することで、従前に比べ狭い敷地面積で建物を建設すること。
14　詳細は『公共施設が劇的に変わるファシリティマネジメント』(小島　2012年)6章、8章に詳しい。
15　例えば、自治体のIT分野ではCIO (Chief Information Officer；最高情報責任者)に副市長などを任命し、情報化投資・セキュリティ対応等を総括させるケースが増えてきたが、これの公共施設改革版（公共施設改革を総括する責任者）

■参考文献

- 小島卓弥　編著　2012年『公共施設が劇的に変わるファシリティマネジメント』学陽書房　pp.112-115、138-158、164-195
- 小島卓弥　編著　2014年『ここまでできる実践公共ファシリティマネジメント』学陽書房　pp.127-134、176-198
- 日本創成会議・人口減少問題検討分科会　2014年　「ストップ少子化・地方元気戦略」「資料1　人口再生産力に着目した市区町村別将来推計人口について」日本創成会議
  http://www.policycouncil.jp/pdf/prop03/prop03_1.pdf　（平成27年7月現在）
- 武蔵野市「公共施設白書」2011年9月

第5章

予算編成

1 予算編成方針

　次年度の経済、財政見通しのもと、どのような政策を重点にしたまちづくりを行おうとしているのか、そのための予算をどのように編成するのかについての基本的な考え方を明らかにするのが、予算編成方針である。

　自治体によって、行政改革、事業の見直し、シーリング、重点分野などが網羅されているものから、技術的、手続き的なことを重視したものまでと違いがみられる。

　山形市（27）※では、「依然厳しい状況にあるものの、決して悲観するものではない」「全課長が『まちづくり推進担当課長』との認識」を持てと、積極的な姿勢を促している。

　　※山形市の予算編成方針又は見積要領で数字は編成する予算の年度を示す。以下同じ。

　シーリングを限定化、又は、撤廃して、政策そのものを評価しようとするのは、東京都、神戸市など大規模自治体や先進自治体にみられる。「施策の見直しによる事業費の削減を行った場合は、削減額の2倍までシーリングの削減分として取り扱う」（東京都27）。

　「経費の見直しにあっては全事務事業一律に当てはめるのではなく、行政が担うべき領域に属する事業や真に必要な経費等はその所要額を要求すること」（ニセコ町27）。

　また、鳥取県では、段階型要求・査定を廃止し、議論重視の「政策主導型予算編成」を実施し、政策戦略事業は知事が直接聴取、その他の一般事業は財政課長と振り分けている[1]。

　予算は、その内容ばかりではなく、編成の手続きをどうするかも重

要な観点となる。

　予算編成の透明性確保のために、要求内容をあらかじめ対外的に公表する自治体が増えてきた。行政と市民との"会話"を行うことによって、予算を行政だけのものから両者の共同作業としての性格をもたせようとしていると考えられる。

　札幌市では、「平成27年度予算の編成にあたっては、市民への情報提供・共有を目的とし、『予算要求の概要作成要領』に基づき、『局別事業概要一覧』を作成すること。これについては、11月上旬にホームページなどで公開するとともに、区役所等での配布や学校との連携などにより、子ども達を含めた多くの市民から意見を募ることとしている。各局・部においては、自局・部のホームページ等を活用した情報提供に努めること」（平成27年度予算見積書等作成要領）としている。

　予算編成方針は、その自治体の基本方針でもあるからこそ、前年度とあまり表現が変わらないことが多い。しかし、予算要求に関わる職員は、しっかりと読み込んでほしい。新たに加わった項目は、特にポイントとなるところであり、また、表現が変わった部分も含めて、全体として、予算編成の核心が示されている。

2　予算見積要領

　予算見積要領は、予算編成の日程、経費区分、要求基準、事業の見直し、要求にあたっての留意事項など、要求するための具体的な手順を示すものである。これによって、それぞれの部局の次年度の予算の大きな枠組みは固まってしまうところがある。どの程度、厳しい編成になるのかの理解が必要だ。これによって、部局の予算担当は、内部における予算見積作業の基準を決めていくことになる。例えば、示されたシーリングによる削減率は5％であるが、部局内ではマイナス7％として、この差によって生み出す財源を部局の優先事業、経費に振り向けることが考えられる。

　予算要求の事務は、短期間に矢継ぎ早の業務が待っている。いつまでという締切りがあり、すべてを段取りよく進めていかなければならない。そこは、「公平」「横並び」の世界であり、例外を認めると、全体作業に影響するといわれる。しかし、そこで取り扱われる予算については、地域の課題、市民のニーズを解決しようとするものであり、正解は一つというのでなく、多数の解が考えられる。この一方、ほとんど例外手続きを認めない予算の編成がある、といった構図となっている。

　要求部局の職員であれば、スケジュールや経費分類、積算ルールなど細部までしっかりと理解しておく必要がある。前例踏襲だけの思い込みで進めていくことは危険だ。また、不明や不確かな点があれば、財政当局の担当者などに確認をした方がよい。予算編成の途中で手戻りになれば、短期間勝負の中で時間を大きくロスする。

　なお、要領は全体として、いわゆる教科書的な記述となっている。

もちろん、要求基準や対象経費、見直しの方針などを説明するには、正しく伝えることが必要なので、この点、どうしても、文章表現は厳密性が重視されることになる。

しかし、使命感であったり、情熱といった定性的なことも実際は重要である。ハンデを抱えている方々への支援や、住民と共に汗をかきながら、課題にチャレンジしていく姿を見せていくことはできないだろうか。

最近、少しこれを改善する萌芽が見える。横浜市の事例を紹介する。

「3　現場主義の視点に基づく局原案編成の徹底

各局への配分財源額の算定にあたっては、各事業の27年度所要見込額に対し一定の調整率を乗じていますが、個々の事業について、その調整率を乗じた額で予算計上することを求めているものではありません。それぞれの現場が抱える課題を踏まえ、事業のメリハリをつけながら、配分財源全体を"塊"としてとらえ、『配分された財源全体をどのように活用すれば、市民満足度の向上につながるのか』という視点から十分に議論を尽くしてください」(「平成27年度の予算編成・執行体制づくり等について」平成26年8月28日　横浜市財政局長　総務局長)。※傍線は筆者

3 スケジュール

予算編成の一般的なスケジュールは次のようになっている。
・予算編成方針の通知、予算説明会　10月中～下旬
・経常的経費要求締切　11月上旬
・経常的経費ヒアリング　11月中旬～
・臨時的経費（重点事業）要求締切　11月中旬
・予算要求の公表　11月下旬
・臨時的経費（重点事業）ヒアリング　11月下旬～
・財政課長査定　12月中旬
・予算の市民説明会　12月中旬
・首長査定　1月上旬
・予算内示　1月中旬
・首長復活査定　1月中旬
・最終内示　1月下旬
・予算案公表　2月上旬

　自治体の予算編成がよって立つ国の方針、地方財政計画が示されるのは、毎年12月であるので、どうしてもこのような段取りにならざるを得ない。また、予算編成方針から要求締切まで1か月を切る短期間勝負となっている。実際のところは未定稿の見積もり要領などが9月頃に示され、これによって、要求作業がスタートする。

4 事前の準備

　実際の予算要求作業は、前項のとおり、秋から年末に集中するが、その事前準備も大切である。

　まず、前年の予算要求において指摘された事項は、当然、万全な対応ができるようにしておかなければならない。

　次に、新たな政策課題となるようなものが出てきたら、文献や内外各都市、関係する民間の活動などについて、リサーチを行う。また、構造的な課題については、審議会や研究会などによる議論が必要となってくるだろう。また、広義の予算編成として、計画づくりや首長のもとの政策決定会議、さらには、行政評価や行政改革を考えることができる。

　そして、狭義の一般的な予算編成に入っていくことになる。いかに、事前に準備ができているかで、予算の質と要求のための作業量が違っ

図表5－1　予算編成の段階

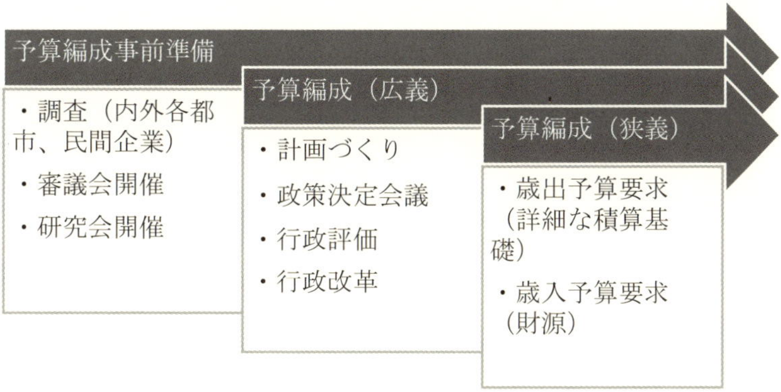

予算編成事前準備	予算編成（広義）	予算編成（狭義）
・調査（内外各都市、民間企業） ・審議会開催 ・研究会開催	・計画づくり ・政策決定会議 ・行政評価 ・行政改革	・歳出予算要求（詳細な積算基礎） ・歳入予算要求（財源）

てくるはずだ。

　全国各地の課題となっている空き家対策を例に考えてみよう。

　このような地域の重要な課題については、実際の予算編成に入って初めて対策を議論するわけではない。その前に、様々な調整をする会議があるはずだ。そして、例えば空き家対策特別措置法、又は、空き家管理条例の運用のための組織やマネジメントの仕組みが要求されることになる。予算の中身としては、専門家に対する謝礼、調査費などが含まれるだろう。

　この場合、予算は、政策の目次、インデックスのような機能を持つ。すなわち、予算は政策であるとよくいわれるが、可能なものは政策の方針が事前に決められ、予算においては、手続き、具体的な実行内容、それに要する経費について時間をかけて検討する、という段取りが現実的である。そうでなければ、膨大な作業をこなさなければならない予算編成を短期間で終えることができない。予算要求をする部局は、きちんと関係部局との協議や財政当局と財源面に関してベースを詰めておくことが必要である。

5 予算要求のステップ

　積算も含めて次年度にどのような事業を行おうとするのか、そのための予算要求については、財政当局に提出する前に、まず所属組織の中で認知が必要となる。これが第1のステップである。出先事務所から組織の予算担当課に認知をしてもらうことも含まれる。
　ここでは二つのことが両方充足していなければならない。財政当局に対する説明と同様に、いかにこの事業、又は、事業費が必要なのかを、緊急性、効率性の面も含めて説明する。また、自分の組織の中で、優先順位が高いかを説明する。財源負担への考慮も必要であるが、それ以上に、その組織が目指すゴールにどれだけ寄与することができるかを訴える。よく出先事務所や外郭職場の職員から予算が大変厳しいという声が聞かれる。その傾向は否めないものであり、それを少しでも改善するためには、普段から本庁等とのコミュニケーションをよくして、厳しい実情をよく理解をしてもらう努力が必要である。
　第2のステップは、財政当局の査定であるが、まだ、第1のステップについても一部残っている。それは、財政当局が途中段階の財政課長であるとか、総務部長査定の結果が示され、新規事業は、特に満額認められることが難しく、時にはゼロ査定で、「復活要求」というステップとなる。各原局の中で、復活要求の項目、事業費を決めるにあたって、各事業の優先順位を決めていることが多いが、ここで、優先される事業に入らないと予算化が大変厳しくなってしまう。日頃から自分の組織の中でいかに理解を得ているかが、勝負の分かれ目になる。
　なお、長期計画やそのためのアクションプランに計上されている事業は当然採択される可能性が高いが、実際は、それ以外でも様々な理

由によって行わなければならない事業が出てくるだろう。それは、トップの指示であったり、報道や議会などで議論されたことの応答としての事業であったりする。

6 予算の透明性

　少子高齢、人口減少社会において、行政の役割が広がる分野が増え、いきおい市民の予算への係わり、関心は高くなってきている。これに応じて、予算編成過程を公開する自治体が増えてきた。行政内部で予算要求をする立場の各部局としても、編成過程が公開されることにより、単に最終の予算額の多寡によってではなく、その考え方、姿勢についての説明責任を果たすことにつながっていく。

　また、査定する側にも、ただ財源の不足というのではなく、査定の根拠を明らかにすることが求められることになり、それだけ要求内容をしっかりと見なければならない。

　大阪府は、最も予算の透明性を確保している自治体の一つである。予算要求から各査定段階について、予算編成過程公表サイトによって、概要を明らかにしている。

　なお、参考として、大阪府の平成27年度当初予算のスケジュールを載せておく。

平成 27 年 2 月 16 日	当初予算案の公表
平成 27 年 2 月 16 日	最終調整要求書・査定書
平成 27 年 2 月 16 日	知事復活査定書
平成 27 年 2 月 16 日	財務部長後調整査定書
平成 27 年 1 月 29 日	「知事復活要求書」知事ヒアリング資料
平成 27 年 1 月 29 日	知事復活要求書
平成 27 年 1 月 29 日	財務部長後調整要求書
平成 27 年 1 月 29 日	財務部長復活要求書・査定書の公表 / 内示の概要
平成 27 年 1 月 29 日	財政課長後調整要求書・査定書
平成 27 年 1 月 29 日	財政課長査定書の公表　通常・通常（政策的経費）
平成 26 年 11 月 21 日	「要求書」知事ヒアリング資料／マネジメントシート
平成 26 年 11 月 20 日	「要求書」知事ヒアリング資料／マネジメントシート
平成 26 年 11 月 19 日	要求書の公表 通常・通常（政策的経費）／要求状況
平成 26 年 10 月 31 日	当初予算編成要領

出所：大阪府予算編成過程公表サイト

7 ヒアリング

　ヒアリングでは、財政担当者などから要求側に、予算要求調書など提出資料の内容や関係事項を確認することによって、予算計上の参考にするための説明などを求める。

　ヒアリングのメンバーは、都道府県の場合は、査定側が、財政主幹と財政課の若手職員、要求部局が、課長、予算担当者。規模の大きな市であれば、財政部長、財政課長、要求部局は、部長、課長、係長。経常的経費と臨時的経費という経費の区分によっても、メンバーが異なることがある。

　要求部局は、次年度の予算要求の考え方を説明したあと、主な事業について資料を使って説明をしていくことになる。自治体によって、双方、丁々発止やり合うところと、聞きおき、査定の中で、具体的なやり取りをするところがある。

　いずれにせよ、要求部局は、しっかりと次年度の方針、そして、重点事業などについて、少しでも理解が進むことに全力をあげたい。

　財政当局は、新規事業であれば、必要性や緊急性などは必須のチェック項目となるし、類似事業や他都市などの状況も聞かれるだろう。当然、事業費の積算根拠は、細部に至るまで、しっかりと説明できるようにしたい。

　継続事業でも、財政担当者からあらためて尋ねられると、説明しづらい時もある。例えば、イベントの委託料の内訳はどうなっているか。当然、積み上げの積算はされているものだが、企画や諸経費の項目などがある。

　また、説明は過不足なく行うのがポイントだ。説明不十分では事業

の本質が伝わらず予算化を遠くするが、逆に言い過ぎも問題になる場合がある。例えば、事業の課題を強調すると、それを整理してから予算化するべきと判断されてしまう可能性もある。

すべてクリアに説明できるのであれば問題はないが、難しい場合は、推量で答えずに、持ち帰って整理して、後刻に資料を提出することにしたい。

このヒアリングの機会を利用して、要求側からアピールすることも可能だ。要求調書以外に新たな資料を作成するのなら、簡潔明瞭なものを用意して、ポイントを絞って積極的にアピールしよう。

また、継続している事業であれば、制度の趣旨、仕組みなどについて毎年同じような質問を受けることがある。事前に資料を作成、提出して、少しでもヒアリングの時間を政策の中身の議論に振り向けられるようにしたい。

なお、ヒアリングでは、業後に及ぶこともしばしばある。鳥取県では、「予算要求に伴う時間外勤務を縮減するため、財政課が行う要求課からの聞き取りについては、原則として終業時刻までに終了することとする。」[2]（平成27年度の当初予算編成等に当たっての留意事項）としている。

ヒアリングの時間や中身の充実度は、立場が異なる予算要求側と査定側の共同作業のような側面も存在するので、普段からの切磋琢磨する関係も大切になる。

8 査定対応

（1）シーリングへの対応

　予算編成の中で最も多い手法がシーリング方式である。先述したように、経費を性格によって区分して、特定の事業や節を対象に対前年何パーセント削減とするものである。また、枠の取り方も事業費ベースや一般財源ベースの場合がある。

　予算要求の単位であるA部（課）において、経常的経費に充当する一般財源がマイナス5％となった場合を考えてみよう。

　A部（課）においては内部管理事務から公共施設の直営管理事業まで、複数の事業を持っている。また、民間ビルの一室を借りて、事務室としている。この場合、光熱水費や民間ビル賃借料が発生するが、賃借料は契約によって決まっているので、見直しに馴染まない。ほかに、郵便料も裁量が難しい経費である。これらの経費を最初からシーリング対象外にする場合とそうでない場合がある。後者の場合は、これら以外の経費について5％を上回る節減して、全体としてマイナス5％に収めることが求められる。

　各部（課）共通のシーリングといっても、その事業の性格、特に固定的な経費のウエイトによって、節減する金額や求められる努力の度合いが異なることになる。これに対応するためには、普段から、事業の見直しや節減できる可能性について、常に検討しておく必要がある。

　例えば、手数料がかかる料金後納郵便を見直すことができないか、民間ビル借上の場合は、そこを撤退して、行政庁舎に執務スペースを確保できないか、駐車場の有料化はできないか、ＰＲ広告の媒体を変

第5章　予算編成　101

更して、節減できないか、広報誌やパンフレットなどは、部数や仕様を見直せないか、又は、広告収入をより増やすことはできないか、など、ルーティーン業務の中でも改革のタネは随分と詰まっているはずだ。

シーリング方式をスムースに行うためには、できるだけ大きな組織の括りによって、削減分を生み出すようにすることだ。

(2) 財政当局とのやり取り

予算要求側の職員は、査定の論理又は財政担当者の思考回路といったものを理解し、事前に準備しておくことが大切だ。そうすれば、事業の採択や事業費の確保の確率が相当上がるはずだ。

予算査定の場では、公式見解で議論されるのが基本である。そして、イニシャティブはほとんど査定側にある。また、予算の本質的な性格として、大多数は前年度予算も含めて過去からの議論の積み重ねの結果がベースとなっている。これに対する事業費の追加などの挙証責任は要求側が負うことになる。当然、その根拠が薄ければ採択されない。一方、事業の減額、廃止も、財源確保の意味はあるものの、各原課にとっては、関係団体との調整も含めて、一定の労力が必要となる。

換言すると、「理念と全体最適」VS「現実と個別最適」のぶつかり合いが予算査定と要求の本質であり、どちらが正しいというものではない。ただ、「無い袖は振れない」ので、どうしても財政セクションの方針が全体に行きわたることになる。

そこで、査定作業の中の具体的なやり取りを次のように考えてみよう。

○**具体的な指摘と対応**
　⇒以下は、原課の考え方、対応、方針を示す。

○他の事業とどのように違うのか。類似事業と統廃合できないか。
　⇒事業名も含めて外形的に似たような事業は、それほど珍しくはないだろう。それぞれの目的、対象など制度的な面を中心に、相違する

点について、丁寧に説明する必要がある。

　統廃合が困難な理由の一つは、事業実施の主体が異なることが少なからずある。どちらか一方に統合しようとすると、その事業主体の団体の定款やミッションが、新しい事業との齟齬が生じる場合がある。

　なお、前段階と後段階のような一連の流れとしてまとめることができるのなら、一つの事業に再構築する方法もあるだろう。

〇事業規模が過大ではないのか。例）要求額の半分で十分ではないか。

　⇒数量×単価で機械的に金額が算出される事業は別として、通常決まった規模というか、絶対的な基準はない。予算にある規模がその事業の目的といったことになるのだが、その規模を客観的に説明できなくてはならない。必要性、市民ニーズなどから説き起こし、他都市の状況や関連事業などの状況も含めて、これまでの実績、要求の規模を確保する対外的な意義などについて、詳しく説明をしたい。

〇そもそも必要性があるのか。行政がやるべき事業なのか。過剰サービスではないか。民間の仕事ではないか。

　⇒官民の役割は、第9章4に詳述しているが、時代や都市や地域によって、その役割分担は変わるものである。たとえば、民間企業やNPOなどは、利潤やそのミッションを踏まえて活動しており、今後ソーシャルビジネスや社会貢献活動などによって可能となるかもしれないが、当面、行政が率先して事業を展開する必要がある。この場合は、民間が自律的に活動できるようになるまでの環境整備や"つなぎ"を行うことになる。

　さらに、民間における関連の取り組みについておさえ、適切に役割分担がなされていること及び適切な連携を行っていることなどを補足したい。

〇国（県）の仕事ではないのか。

　⇒市町村は、国、県の肩代わりの事業をやるべきではないが、地元にとって真に必要で他の行政機関や組織が行っていないものは、先行的に行うケースもあるだろう。財政負担の程度にもよるが、まずは、当該自治体で展開をして、並行して他の行政との協議や制度化の要望

を進めていくことも、十分有り得るものである。
○将来、大きな財政負担になるのではないか。
　⇒後年度負担を含めて事業のあり方を問われることは当然である。サンセット方式を導入しないまでも、将来どのようになっていけば廃止や縮小していくのかのイメージを持つことである。単価や数量のベースとなる項目を適宜見直していくことも必要となるし、民間、市民への支援や関係の環境整備を進めていくことも考えられる。
○なぜ、○○だけを対象として実施しようとするのか。公平性が保てるのか。
　⇒公平性とは、「関係する社会の構成員又は社会の間で偏りがない」ことである。
　特定の民間企業を対象として協定などを結ぶ、といった場合に指摘されることが多いだろう。自治体としては、何らかの基準を持って、これに適合すれば、どの企業でもOKという方向にいくか、その企業だけの特別の事情に着目して試行的に展開することも可能であろう。それ自体が公平性に反しないとか、今後の拡大の方向として公平性の概念をクリアしていくのか、事業によって異なる。
　さらに、予算で考えると、公平性は最も重要な概念となるが、それを個別の事業でみていくのか、もっと大括りの施策レベルなのか、によっても異なる。将来の見通しなども提示しながら、関係者などの理解を得ることができるかが、ポイントの一つになる。
　なお、公平性を追求するあまり、何もしない横並び悪平等になることは避けたい。
○どこもやっていない（もう少し待った方がよいのではないか）。
　⇒極めて先駆的な事業か、個別のニーズに着目した事業、必要性が広く認知されてない事業について、このような指摘がなされるだろう。
　もちろん計画事業なら、それを根拠にできるが、そうでないのなら、予算編成前からあらゆる機会で、必要性について、議会の審議も含めて、庁内で議論しておくことが望まれる。このようなことが報道された、国の審議会でこのような議論がなされている、など、一つでも多

く客観的な補強材料を用意したい。

　また、先駆的な事業ならニュースバリューもあり、大きな注目を集め、それによって事業の成果が上げやすくなる。少し遅れて二番煎じのように捉えられてしまえば、同じ事業費でも効果が半減ということもあるので、早期の予算化について十分アピールしたい。

〇優先順位を考えてもってきてくれ。

　⇒結局、すべてを予算化することは財源の枠などから困難であり、原課に順位を決めて、後順位を先送りすることが行われることがある。簡単に順番が決まるものではないが、財源論の前では通常やらざるを得ないだろう。また、後順位の事業を見直して、どうしても実施したい最小限の項目に絞る、といったことも考えられる。

〇総合計画に載っていなので、計画化されてから要求するべきではないか。

　⇒今でも計画（プラン）最優先主義はあるようだ。しかし、時代の動きは早く、喫緊の課題に対応するのが自治体の役割だ。そのために、毎年の予算編成があると考えることもできる。

　計画策定時から状況が変わって、新しい課題に対応した事業の必要性が生じたのであり、大きな目的からとらえれば、計画の中の施策を推進する事業として位置づけられる、と説明するか、予算化後に、計画に追加をすることを働きかけたい。

〇これまでの実績をみると、要求額が過大ではないか。

　⇒対象者の拡大などによって事業規模が大きくなることがある。

　要求金額の事業とすることにより、これまで課題であった〇〇が解決して、より利用し易く、実績と成果の大幅な増加が期待できることなどを具体的に説明していく。いわば費用対効果が優れていることを強調するのだ。

〇モデル事業であるなら、その成果を生かす見通しはあるのか。

　⇒本格事業に至るプロセスの具体的なイメージを描く。そのためにも、事前に関係機関、関係者に打診などをしておく必要がある。

〇要求している調査費は必要なのか。

⇒この指摘に反駁するのもそれほど簡単ではない。何故なら、法上の義務付けでない調査は必ずやらなければならないものではなく、また、調査をするにしても経費をかけないか少額でやってくれ、という指摘にはなかなか対応ができない。しかし、調査による具体的なニーズ把握が事業の基礎に不可欠であるし、自前調査ではどうしても片手間になって、時間もかかる。専門機関などによる調査が必要であることを、多角的な観点から説明したい。

〇調査項目は調査の目的を達成するために必要十分な数となっているか。

⇒これも、絶対の項目数などはなく、程度問題であり、何が必要十分かという問題になる。ただ、項目数を少しくらい絞ったとしても経費はほぼ変わらないこと、要求の項目数の調査をすることによって、有益なクロス分析が可能となるとともに、施策全体に有効な情報となる、といったことも説明をしたい。

〇新年度予算に計上しないで、補正予算で対応することでよいのではないか。

⇒よく指摘されることであり、当初でなく補正予算に計上されても、時期的に間に合うのであれば、それほど問題ではないだろう。ただ、どうしても当初予算での計上を狙うのなら、全体の政策体系の中での位置づけ及び年度当初から事業を始めることが不可欠であることの理論武装をしたい。

注

1　http://www.pref.tottori.lg.jp/secure/526328/seisakusennryaku.pdf 「政策主導型」予算編成に向けて（平成22年9月財政課・県政推進課）
2　http://www.pref.tottori.lg.jp/238908.htm

第6章

予算の見積もり

1　予算要求調書の作成

（1）　要求調書作成のポイント

　予算要求調書の様式では、一般的に、次のような項目を記載する。
　・背景
　・必要性
　・内容
　・積算
　・効果
　・成果目標
　・後年度負担
　・今後の見通し

　作成のポイントとしては、まず、分かりやすく、簡潔な表現を心がけること。特に5W 2H（5W：誰が（who）何を（what）いつ（when）どこで（where）なぜ（why）、2H：どうやって（how）いくらで（how much））を漏らさず記載すること。いくら理想的なことが書き込まれていても、一体誰がどのように進めていくか見えなければ、説得力があるとはいえないだろう。
　また、調書をもとに、組織内部及び財政当局に説明することを意識しよう。すなわち、客観的にみて、合理的であって、説得的であるか、である。
　なお、計算ミス、記載ミスが一番起こりやすいのは、一度修正したあと、その波及ヶ所を見落とすことである。数字などを修正する場合

は、慎重に確認を重ねたい。

① 積算

　実績などによる論理的な推計や、データに基づいた積み上げ計算によること。同時に、算出された合計額が過去の実績や他の事業との関係からも妥当であることを説明できること。また、個別の項目についての見直しや効率性アップの視点が含まれていればなおよい。

　さらに、個々の積み上げ計算だけをみると問題はないが、事業費の総計を見ると、前年度をかなりオーバーをしていたり、全体の中で突出している、といったことがないかを大きな視点から確認することである。

② 事業の必要性

　予算要求の一番のベースになるものである。なぜこの事業が必要なのか、対外的に説明できるよう整理する。得てして、直接の担当者の場合は、必要性は当然あると思い込んで、客観的な評価ができないこともあることを念頭においておくことも必要だ。

　時代、構造の変化、法制度の動向、地域を取り巻く状況などをおさえる。特に、新年度に（も）予算化が必要な理由をしっかりと記述する。

　課題解決のために適当な手段であるなど、政策としての必要性のほかに、「〇〇〇」と議会において答弁、〇〇会派から強い要望が出されている、〇〇協議会から要望書が提出されている、市民モニターにおいて、課題の上位にきている、など補強材料を記述する。換言すれば、この事業が予算化されなければ、〇〇に支障をきたす、高まっている市民の期待に背くことになる、といった補足的、警告的な記述も効果的な場合がある。

③ 成果目標

　事業実施による成果検証の客観的な指標であり、事業の目的を踏まえて、投下資源（経費）にも留意しながら検討すること。

・高すぎる目標　例）△△資格取得者　N年度100人　N+5年度1,000人　到達できる見通しが最初から持てないような目標は、関係者に無理を強いたり、逆に到達努力を放棄することになりかねず、避けなければならない。
・低すぎる目標　あまり努力をしなくても到達できるような目標は、そもそも目標たりえない、また、費用対効果からも問題となる。

　では、どのような水準が適当なのか。まず、その成果目標という数値を単独で先行的に議論しないことだ。事業を進めていくステップとそのための資源の投入など、様々なファクターを含めて議論することが大切であり、過去の実績などのほか、他都市などの状況も踏まえながら、目標値を明確にしていくことが大切である。

④　類似事業の有無

　他部局などに類似の事業がないのか、を調査し、存在する場合にその違い（必要性）をしっかりと説明できること。名称が似ているとしても、対象が異なる、目的が直接サービスか環境醸成かということで異なる、ということも付記しておくとよいだろう。
　（例）A事業は事業者向けの事業であり、本事業については、消費者向けと対象を異にしており、また、○○消費者団体と連携して、制度の浸透を図ろうとするものである。

⑤　他の制度の確認〜民間等で実施している事業と重複していないか

　イベントや講座などの事業は、民間ですでに実施されているケースも少なくない。一般的に、民間の場合は、直接、間接に企業等のPRや収益を得るために開催されている。行政の場合は、政策についての普及啓発が目的となることが多いが、両者の外形的なところは類似する。そこで、なぜ、行政が行うのか、民間でもできるのではないか、という疑問には次の例のような観点から答えていく。

○対象が違う
　民間で行うのは既にユーザーなど関わりを持っている人、行政は、あまり関心を持っていない層を対象とする
○目的が違う
　民間が行うのは一定程度習得している人が対象であり、行政は、まだそのようなレベルに達していない初心者に対して基礎的なところを教える。普及啓発である。
○負担が違う
　民間の方は、選好的なニーズに対応するもので、料金も割高となっている。行政の方は、基礎的なニーズを満たすことを目的としており、料金負担も抑えて実施する。
　この3つの違いについては、別個独立しているものではなく、相互に関連しているものである。今は、民間企業などにおいて、社会貢献活動も活発になってきて、様々な取り組みがなされているので、行政と重なる部分が出てくるのは否定できない。将来方向としては、直営から民間活力の活用に移行して、政策の実現を図っていく道もあるだろう。

（2）　補強材料を持つ

　新たな事業化にあたっては、とりわけ必要性について補強するものとして、ベースとなる計画に盛り込まれていることのほか、以下のようなものが考えられる。
○住民の要望
　世論調査、市政モニター、市民アンケートなど多くのチャンネルがある。
○議会答弁
　関係分の質疑について、経年の記録を一覧にまとめ、常に参照できるようにしておく。
○報道

報道されることによって一定の公定力のようなものが働き、多くの市民がそれを事実として認識することになるので、それに関する対応は、緊急性や必要性が高まる。

○**他自治体の動向**

隣接自治体や類似団体の情報は、市民や関係する団体の関心を持っており、ベンチマークとして有効なケースがある。

○**国の動向**

首相の所信表明、各省庁の関係施策の方針や関係審議会の答申など、自治体の施策について、その影響の度合いは様々であるが、我が国全体の方向性をおさえておくことが重要である。

○**法制度の動向**

最近は、法律の制定改廃も多い。自治体の施策に直接関係する法制度から、民法など一般法で行政運営のベースになるものまである。

2　歳入

(1) 全般

　歳入予算については、歳出予算のような拘束性がなく、見積もりの性格を持つものであり、収入が予算金額を下回ることも当然あり得る。ただし、項目によっては、予算金額が目標値のような意味を持ち、その確保努力が求められるものがある。

　予算編成の要求基準の設定の仕方にもよるが、一般財源によるシーリングの枠とする場合は、ある歳入が特定財源に整理されると、その見合いの歳出枠が増えることになるので、できるだけ大きめの見積りとしたいのが、原課の心情であろう。しかし、過大な見積もりは、それ自体に課題があるとともに、決算における予算との乖離が生じてしまう。また、受益者負担の適正化も常に意識する必要がある。

　見積もりにあたっては、正確で合理的な積算が求められるほか、次の点に留意する。

- ・件数、単価の増減理由
- ・前年度の決算見込みとの整合性
- ・経年実績
- ・増収の努力

　積算の主な方法は以下のとおりであるが、複数を組み合わせで妥当な金額を算出する場合もある。

○積み上げ

　賃貸料など事前に契約などで確定しているものが多い場合や、数量

や単価が年度によって大きく変動し、直近のデータなども踏まえて積算

○決算見込み同額

前年度と同様な状況が見込まれ、歳入確保に特に目標がないような場合

○前年度予算同額

予算額が一種の目標値になっている場合（なお、実績と乖離があるとすれば、予算の修正を検討する必要がある）

○過去３～５年間の平均額

年度間で増減がある場合

○過去３～５年間の平均伸び率×決算見込み

比較的平準的である場合

なお、経年の伸び率を見る場合は、特殊要素のある年度を除外する。

以下は、実際の見積もりの記載要領（札幌市27）であり、予算要求調書の記載例を示す。

「歳入予算見積書（一般事務費)」により見積ることとし、平成23・24・25年度決算額、26年度予算額、26年度決算見込額及び27年度要求額を記載し、併せて財務会計システムに入力するとともに、「歳入予算要求調書」を作成すること。なお、積算内容欄に、数量、単価などの積算内訳を必ず記載するとともに、前年度予算に比して著しく増減のあるもの又は新規・変更などがあるものは、その理由等について増減理由欄に記載もしくは資料を添付すること。

図表６－１の歳入の過去３年間の増減率の平均は、6.6％であり、これを決算見込みに乗じると、128,986千円となる。過去の推移をみると、増加率は減少傾向であり、直近は、0.8％と低くなっており、３か年平均を使うと過大見積もりになる危険性がある。そこで、収入確保努力も加味して、前年度予算と同額とした、ということだろう。

また、「歳入額の変動傾向」欄には、徴収階層と利用者についての記述があり、実際の見積もりにあたっては、このようなミクロの分析

図表6-1 ≪歳入≫ 予算要求調書

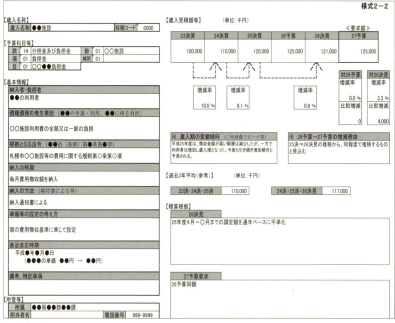

出所:札幌市

図表6-2 債権管理が求められる歳入(例)

歳　　入		所　　管
分担金及び負担金	老人福祉施設	高齢保健福祉部
	その他児童福祉施設	児童福祉総合センター
諸収入	生活保護費返還金	保)総務部
	交通費助成返還金	障がい福祉部
	児童手当返還金	子育て支援部
	児童扶養手当返還金	子育て支援部

出所:札幌市

も合わせて行い、金額の妥当性を確実にする必要がある。

　歳入は、施設利用などのサービスやコストについて、応分の負担を求めるものだけではない。児童手当や生活保護費など扶助費として支給をしたあとに、資格や基準を満たさないことが判明した場合に、返

還を求めることになるが、それが、当該年度内に返還されないものは収入未済となり、翌年度から歳入として経理する。近年、債権管理の重要性が指摘されており、歳入予算についてもその努力を反映させることが必要である。(図表6－2)

(2) 国・県支出金

　首相の施政方針演説や国の審議会の報告などを受けて、例年、国や県の諸制度も変更、新設されるので、その動向を的確に把握することが大切である。特に、国の重点施策については、様々な国庫補助制度が創設されることが多く、自治体にとって、真に必要なものであるか、見極めなければならない。もちろん、単独事業を予定していたが、ちょうど打ち出された補助制度が同じ方向性を持つ、といった場合は積極的に活用を検討していくべきだろう。

　「補助事業といえども、事業の実施には一般財源を要することを勘案のうえ、緊急度、事業効果等を十分考慮して、その活用に努めること」(さぬき市27)。

　「法令の規定及び過去の実績等の勘案はもちろん、国や道の動向を見極めるためにも、あらかじめ関係機関との連絡を密にし、十分調整の上的確に見積もること。また、補助事業に係る超過負担や、他自治体との比較における不公平な取扱いについては、関係省庁等に対しその解消を強く働きかけるとともに、新たな超過負担が生じることのないよう十分留意して見積もることとし、安易な市費負担への振替えは厳に慎むこと」(札幌市27)。

　また、扶助費などの歳出見合いの項目も多いので、その整合性に十分注意をしておかなければならない。

(3) 使用料・手数料

　利用者と利用していない人との公平の観点などから、受益者負担の適正化が求められるが、なお低額に抑えられている項目が多い。コスト分を全額徴収していない手数料や保育料など国庫負担金の徴収基準のあるものは、軽減分については自治体の負担となる。

　使用料は、最近は、指定管理者制度の普及に伴い利用料金制度となることが多く、直接の歳入予算に計上することは少なくなったが、利用者の増などによって増収の努力も求められるものである。

　定期的に一斉の見直しを図るなど、適正水準に向けた取り組みを常に進めていかなければならない。なお、少子化対策、子育て支援が重要な政策になる中、保育料について軽減を政策的に行う自治体もある。

○料金水準の検討の視点
　・適切な原価計算
　・類似施設との均衡
　・他都市、類似団体の状況
　・減免の取扱の統一

　施設のコストを必ず100％賄わなければならないということはない。当然、施設の公共性などから、負担割合に幅が出てくるものである。ただし、当該施設が実際にどのくらいの水準になっているか、把握や意識をしないで、運営されていることが少なくない。

　それぞれの自治体又は施設所管部局において、図表6－3のような施設の利用者負担割合の一覧を作成すれば、相対的に割合が低い施設などが一目でわかり、負担のあり方や事業の見直しの基礎資料とすることができる。

図表6-3 公共施設の利用者負担割合（抜粋）

	所管局	施設名等	施設の設置目的	利用者負担割合（25年度決算）	使用料等の収入（千円）	減免（千円）	管理運営コスト（千円）	(訳) 人件費	物件費等	主な料金	主な減免事由
1	市民局	金沢公会堂（講堂、会議室）	市民の集会その他各種行事の用に供する目的をもって設置	37%	7,114	2,255	25,215	15,530	9,685	講堂29,000円/1日 会議室2,000円/1日 和室1,200円/1日	・本市が主催する行事のために利用する場合（全額減免）・本市が共催する行事のために利用する場合（5割減免）
2	市民局	瀬谷スポーツセンター（体育室、トレーニング室）	スポーツ、レクリエーション等の振興を図り、市民の心身の健全な発達に寄与するため	22%	24,232	642	110,780	43,277	67,503	第一体育室（団体利用）3,000円/1時間〜5,000円/2時間 第二体育室（団体利用）1,500円/2,500円/2時間 トレーニング室（個人利用）一般300円/1回（3時間）中学生以下	・本市が主催する体育行事のために利用する場合（全額減免）
3	市民局	横浜市平沼記念体育館 ※	スポーツ、レクリエーション等の振興を図り、市民の心身の健全な発達に寄与するため	26%	6,348	1,624	30,886	12,544	18,342	20,000円/1日	・本市が主催する行事に利用する場合（全額減免）・市内の高校、専門学校が正規の教育課程で利用する場合（5割減免）
4	市民局	横浜文化体育館（体育館、トレーニングルーム、レストハウス）	スポーツ、レクリエーション等の振興を図り、市民の心身の健全な発達に寄与するため	44%	65,717	4,534	159,489	50,745	108,744	（体育館）入場料を徴収しない場合 16,100円〜191,500円/1日 入場料を徴収する場合 223,400円〜750,000円/1日 （平沼記念レストハウス）会議室 5,400円〜8,000円/1日	・市内の幼稚園・小学校・中学校が利用する場合（5割減免）・市内の高校が利用する場合（3割減免）・指定管理者が主催又は共催する事業に利用する場合（全額減免）・社会福祉法第2条に規定する社会福祉事業のためにスポーツ、レクリエーション、文化活動等の行事を行う場合（5割減免）
5	市民局	横浜市下野庭スポーツ会館	地域住民が、自らの生活環境の向上のために自主的に活動し、及びスポーツ、レクリエーション、クラブ活動等を通じて相互の交流を深めることのできる場として設置	-	0	0	7,077	4,359	2,718	無料	-
6	政策局	男女共同参画センター横浜南（ホール、会議室等）	男女共同参画の推進に関する施策を実施し、並びに市民及び事業者による男女共同参画の推進に関する取組を支援するため、男女共同参画の推進拠点として設置	22%	12,628	5	56,819	9,895	46,924	男女共同参画センター横浜南 大研修室 10,400円/1日 研修室 3,300円/1日 会議室 2,700円〜4,200円/1日	・指定管理者が主催又は共催する事業に利用する場合（全額・5割減免）

出所：横浜市

（4）財産収入等（資産活用）

　行政広報媒体で広告収入を得る方法は広く行われているが、最近は、庁舎の空きスペースにコンビニを入れたり、壁面に企業広告を掲示するなど、財源を確保する例が増えてきている。ネーミングライツによる広告収入の確保やウェブサイトにバナー広告やテキスト広告を募集することも増えてきた。

　「遊休資産の活用、広告事業（ネーミングライツ、封筒印刷時の広告掲載など）など、各部局とも創意工夫により歳入増に繋がる取り組みに努めてください。」（鳥取市27）。

○実際の事例

　札幌市カーリング場　ネーミングライツ
　　　　　　　　　　　　　　5,775千円／年　歳入科目　広告料
　札幌市北区役所　庁舎1階窓口上部　広告枠を設置
　　　　　　　　　　　　　　360千円／年　歳入科目　使用料

　　　　庁舎玄関口　広告付庁舎周辺地図設置
　　　　　　　　378千円／年　歳入科目　広告料

(5) 地方債

　公債費の増嵩が財政の圧迫要因の一つとなっている。社会基盤整備などに充当しようとする地方債については、事前に起債担当課に協議することが求められる。

　「公債費の増嵩が財政の圧迫要因の一つとなっている現状に鑑み、また、市債残高の減少を図り、将来の世代に過度の負担を残さないためにも、要求に当たっては、事業費総体の圧縮などによる発行抑制に努めること」（札幌市27）。

3 歳出

(1) 全般

　まず、事務事業について、経常的経費と臨時的経費などに区分して、シーリングや一件査定などそれぞれの要求ルールが示される。

①　予算見積基準
　予算要求事務の効率化、業務執行の適正化のために、見積もりにあたっての基準単価が示されることがほとんどである。自治体によって、項目の増減はあるが、該当となる項目があれば、その基準によって、当然見積もりすることになる。
〇基準単価（例）
　・一人当たり職員費
　・非常勤職員
　・臨時職員
　・共済費算定率
　・人材派遣単価
　・燃料単価
　・カラーコピー使用料
　・会場借上料
　・講師謝礼単価
　・視察研修旅行の随行人数
　・車両の更新基準
　・ボランティア報酬

・会議録作成
・フォーラム経費
・パソコン購入経費（標準仕様を含む）
・自動車購入経費（小型車、大型車など）
・食糧費に係る出席人数
・懇親会、昼夕食単価
・会議負担金

② 地方交付税算入事業

　地方交付税の基準財政需要額への算入を根拠として、予算要求を行う場合がある。確かに、基準財政需要額を一つの目安に事業を積み上げることはできるが、これはあくまで交付税算定のための基準であり、交付税は、使途を制限しない一般財源であることから、どれだけ予算化するかは、その必要性や優先度によって判断されるものである。

　「地方交付税の基準財政需要額への算入を根拠とした予算要求については、実算入額の推移など地方財政措置全体の動向を踏まえるともに、その必要性につい改めて検証を加えること」（栃木県27）。

　なお、特定事業についての財政支援として特別交付税が措置されるものもある。例えば、「地域おこし企業人交流プログラム」については、三大都市圏の大企業の社員が、定住自立圏に取り組む市町村などに派遣されて、地域独自の魅力や価値向上についての業務に従事する場合に、一人あたり350万円及び発案事業について100万円×0.5を上限に支援するものである（平成27年度）。自治体の欲しい人材と派遣される社員の専門知識や経験などのマッチングがポイントになろう。

③ 基金活用事業

　基金について、奨学金の支給など特定の目的をもって設置運用されているが、その果実によって、事業を行う場合がある。しかし、金利が低く、従前の運用益が確保できないことが増えてきている。

　札幌市（平成27年度予算見積要領）では次のように指示をしている。

(ア) 基金の果実を活用して実施している事業のうち、果実のみで事業実施が困難なものについては、条例に事業実施の根拠を持つものを除いて、対象事業費を縮減するか必要に応じて基金元金の支消を行うなど、一般財源を充てないことを基本とする（基金内で完結させる）。

(イ) 基金元金を取崩す場合、将来的な事業の継続性に支障を来たす場合もあるため、基金所管部が事業をＰＲして寄付金を募るなど、事業原資を確保する方策について検討すること。

　基金の運用果実の範囲内で事業を行うか、それが不足する場合は、原資を増やす努力を求めているものであり、基金設置の趣旨からは当然この方向で考えていくべきである。

(2) 積算

事業内容の項目毎、または、節毎に記載する。例示すると
- 開設補助金（5,000千円）⇒ 500千円／カ所×10カ所
- 制度調査・研究費（800千円）⇒ 参考見積りの8掛け
- 助成金制度説明会会場費（30千円）⇒ 市民ホール第1会議室（100人、5H）15千円、設備使用料15千円
- 時間外勤務手当（750千円）⇒ @2,500×10時間×6月×5人
- パンフレット作成配布業務（2,500千円）⇒ デザイン制作100千円、印刷製本@100円×15,000部（A4版、カラー2色、コート紙）、梱包配送@3千円×300カ所

なお、営業日、稼働日など単なる期間の日数ではないことも多いので、正確に積算したい。

　積算の基本は、単価×数量である。ここでは、数量の算出について、新規の防災マップ助成事業を想定して、対象人数（団体）の把握を試算すると次のようになる。

> 助成率　町内会が作成する防災マップ経費に対して、2分の1
> 　　　　の助成　上限10万円
> 申し込み数の推計
> 　　　　現在の対象町内会数が300団体
> 　　　　すでに独自に作成している町内会が30
> 　　　　狭い町内会区域などでその必要性が薄い町内会20
> 　　　　2分の1の財政負担が難しい町内会が10
> 　これから対象240の団体のうち、財政負担と事業化の時間を考慮して、4年間で半数、毎年30団体で合計120団体という計画を作ることができる。
> 　この場合、新年度に30団体以上の申し込みが来たらどうするべきであろうか。まず、予算で見込んだ団体数までが原則である。先着順や抽選などを事前に告知していないと、混乱になることがあるので、留意が必要だ。
> 　また、予算要求時点から何らかの環境の変化が生じた場合など、超過分の対応も考えなければならないケースもあり得る。

（3）経常的経費（一般事業経費）

　政策的な経費を除いた通常の事業や内部管理事務を対象とする。

　適切な積算及び節で整理されていることが前提である。事業費（節別）の対前年度比増減について、1割超となる場合などは、その説明を付した方がよい。

　行政評価や前年度の予算査定時に指摘された事業については、シーリング対象から除外され、別途、一件査定になる場合がある。指摘事項に沿った改善が原則ではあるが、諸事情からすぐに実行できないこともある。この場合、期限を切って、見直しスケジュールを提示するか、その検討を始めていることについて説明をする必要がある。

図表6-4　〇〇事業推進費

節・細節	要求額(A)	前年度(B)	(A)-(B)		算出根拠等	
01-03	4,665	4,804	▲139 (-2.9%)	活動推進員2人	4,665	(1年目1人、2年目以降1人) 2,265千円+2,400千円=4,665千円
03-21	1,800	1,470	330 (22.4%)	5人	1,800	5人×@2,000円/時間×15時間/月×12=1,800千円
04-01	663	624	39 (6.3%)	社会保険料(活動推進員2人)	663	(1年目)322千円+(2年目以降)341千円=663千円
04-03	274	274	0 (0.0%)	社会保険料(事務補助1人)	274	
07-01	1,800	1,800	0 (0.0%)	事務補助	1,632	賃金136千円/月×12月=1,632千円
					168	交通費 146千円/月×12月=168千円
08	10	20	▲10 (-50.0%)		10	△△大会〇〇長賞 10千円
09-41	280	290	▲10 (-3.4%)	他都市視察1人	90	90千円×1人=90千円
				主管者会議1人	90	90千円×1人=90千円
				協議会	100	100千円×1人=100千円
11-51	866	990	▲124 (-12.5%)	新聞	48	日刊新聞@3,925円/月×12月=48千円
				雑誌	10	〇〇研究@800円/月×12月=10千円
					8	△△セミナー@700円/月×12月=8千円
				事務用品	300	
				パンフレット増刷	500	制度解説パンフレット @50円×10000部=500千円
11-52	50	50	0 (0.0%)	来客用茶		
11-53	840	800	40 (5.0%)	光熱水費	840	@70,000円/月×12月=840千円
12-01	838	850	▲12 (-1.4%)	電話料	507	回線専用料(1回線)×@7,000円/月×12月=84千円
						回線使用料(基本料)(4回線)×@3,812円/月×12月=183千円
						通話料100時間/月=20千円/月×12月=240千円
				その他	331	ICカード、切手、筆耕料
13	1,805	2,100	▲295 (-14.0%)	PR用リーフレット制作	400	@40円×10,000部=4000千円
				バス広告	850	バス車内広告料500千円+企画制作費350千円
				サーバー保守	240	20千円/月×12月=240千円
				複合機保守管理	315	@5.25円×5,000枚/月×12月=315千円
14	6,661	6,800	▲139 (-2.0%)	施設借上料	6,000	賃貸料・清掃料@500,000円/月×12月=6,000千円
				複合機借上料	360	@30,000円/月×12月=360千円
				その他	13	玄関マット借上料@1,100円/月×12月=13千円
					288	タクシー代@24,000円/月×12=288千円
18	100	170	▲70 (-41.2%)	参考図書	100	
19-01	15	15	0 (0.0%)	負担金	10	全国〇〇協議会負担金
				出席負担金	5	その他会議出席者負担金
合計	20,667	21,057	▲390 (-1.9%)			

　図表6-4は、ある自治体の経常的経費の見積り書である（一部修正）。庁舎が狭隘になったため、別の民間ビルにテナントとして入っている部局の運営経費である。賃貸料や電話回線使用料などが計上されている。節、細節単位に単価×数量によって、積み上げ計算をする。

　多くの節で前年度マイナス要求となっているが、特に、11-51節と13節で大幅に削減しており、これによって要求枠に収めたことが推測できる。

　この中で、時間外手当が、前年度に比べて22.4%増加しており、その理由を付記することが望ましいだろう。

　（例）△△の制度改正が予定されることと、本年度の決算見込み並びで積み上げ。

（4）臨時的経費（政策的経費）

自治体の総合計画にあるような主要事業が対象である。
次のような視点を踏まえて、見積もりをする。

- 計画との整合性
- 事業の必要性、緊急性
- 事業手法の妥当性　直営か委託かといった二分法ではなく、事業主体も含めて、一部でも民間企業の活力導入やノウハウの活用ができないかを考えたい。これによって、より高い成果が得られる一方、コストを抑えたり、立ち上げまでなどのリードタイムを短縮することができる。
- 単価・数量の積算の正確性　単価は過去の実績や参考見積もりに〇掛けで積算する。また、グレードがあるものは、どの程度の水準が適当かを考える。もちろん絶対的な基準はないが、機器などは、操作の手間とトレードオフの関係にもなることが多いので、運用とセットで考えることが適当だ。数量については、その根拠を論理的に説明できることが必要。
- 他都市の状況　ベンチマークなどで、自分の自治体がどの程度の水準にあるかを把握することは有効だ。先進自治体の事例も参考にしながら、政策のベストミックスになるような予算要求をしていく。
- 継続的な事業であれば、これまでの進捗状況を明らかにする。
- 将来的な財政負担　予算の形は、単年度予算であるが、かなりの事業が継続的に実施されている。給付事業は、需要の掘り起こしなどによって受給者が増える一方、その事業水準を落とすことは難しい。特に、福祉分野では、この傾向が強くなるので、慎重に推計したい。

なお、新規事業でも、予算を使わない範囲で少し（準備的に）手がけていることがあれば、実現可能性についてより説得力のある説明が可能となるだろう。時として、予算はぎりぎりの工夫の上で成り立つ

こともある。

　図表6-5は、札幌市の平成27年度の予算要求事業調書（表）記載例である。
　事業の必要性は、その事業自体の目的の背景にある課題について記載する。高齢者の事業であれば、高齢者の福祉向上や健康づくりが必要ということになる。また、新たに○○法の制定によって、自治体の施策推進が規定されている、ということである。
　また、その事業を実施することによって、関連又は別の政策課題の解決に寄与することがある。人口減少対策、少子高齢対策、地域経済活性化など現下の課題の解決に貢献できるような見通しがあれば、記載していく。
　可能であれば、必要性が、より強まっていく根拠を示す。
　事業費は、人件費を加算したフルコスト的経費を示している。記載例の事業をみると、全体事業費の3割を人件費が占めており、このような構造は珍しくないだろう。ますます、人件費のコントロールが重要であるが、なかなか、定数管理と予算編成は一体化していない。
　また、新年度の予算額だけではなく、後年度負担も記載させる自治体が増えてきた。本調書でも、平成28年度以降を記載する欄が設けられている。事業は、最初は少額でも、やがて、対象者も増え、大きな財政負担となることが懸念されるケースがある。特に、福祉関係事業では、一旦スタートとすると、見直しが難しい、といわれる。
　図表6-6の調書（裏）を見てみよう。まず、節別に前年度の予算決算の比較を示し、当該年度の予算、決算見込み、新年度の予算という連続した中でその妥当性をチェックできる構成となっている。
　予算要求基準による枠などから、前年度に比べて増額計上することは難しいことが多いだろう。現年度の執行の中において、節約などによって不用が見込まれる場合に、緊急性のあるものは前倒しで購入するなど、常に、決算見込みを把握しておくことが重要だ。記載例では、平成25年度に備品を緊急に購入している。

図表6-5　予算要求事業調書（表）

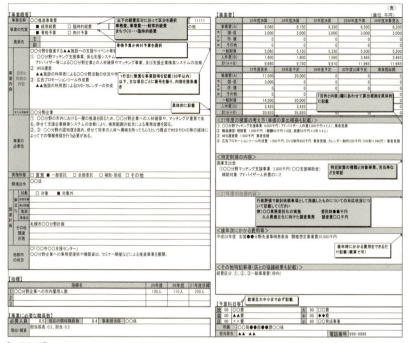

【事業概要】
○事業内容（目的と内容）
　1行目に事業目的、2行目に事業内容を40字以内で簡潔に記載してください。
　以下、項目のまとまりごとに、①②・・・と番号を振り、その内容について手法なども含めて簡潔に記載してください。
○事業の必要性
　背景⇒事業実施に至る経緯や、これまでの動向等について記載してください。
　必要性⇒当該事業を実施する必要性を記載してください。
　サンセット目標年度⇒所期の目標を達成するために必要な事業期間や目標年度等を設定し、事業を見直す年度を記載してください。
○他都市の状況
　可能な限り他都市の類似事例、参考事例を記載してください。
　また、他都市の一覧や制度比較がある場合は、参考資料として別紙でご提出願います。
【事業費】
○積算の考え方
　事業内容（目的と内容）欄の項目（①②・・・）にあわせて、単価や件数など、算出根拠を具体的に記載してください。
○特定財源の内訳
　事業内容（目的と内容）欄の項目（①②・・・）にあわせて、特定財源の種類（名称）、補助対象、充当率などを具体的に記載してください。
○27年度の改善内容
　26年度予算と比較して、事業内容等につき改善した内容について記載してください。
○その他特記事項
　サンセットルールや、事業項目別に経費区分などを記載してください。
出所：札幌市

図表6-6　予算要求事業調書（裏）

短縮コード：11111
【算出根拠】○○相談所運営費

節	細節	24年度予算	25年度決算	25年度予算	予決乖離理由	26年度予算	26年度算出根拠	助言事項	26年度決算見込	27年度予算	27年度算出根拠	27予決26予差	助言事項
計		7,381	13,154	▲5,773		12,545			11,466	6,258		▲6,287	
03	21	4,120	7,451	▲3,331	○○法改正対応のための時間外の増	4,065	▲作成対応分 986時間*2,500円 その他 640時間*2,50...	助言事項は財政課で入力します	4,065	3,335	▲作成対応分 1,014時間*2,500円 その他 320時間*2,50...		
11	51	2,215	2,256	▲41		2,100	●●ポスター作製費 18,000部*90円 ××ハンドブックに係る印刷製本費 5,000部*96円		1,800	2,123	●●ポスター作製費 18,000部*91円 ××ハンドブックに係る印刷製本費 5,000部*97... 【消費税増税影響額 23】	23	
11	53	120	118	2		108	電気 12か月*5,000円 水道 12か月*4,000円		125	122	電気 12か月*6,181円 水道 12か月*4,037円 【電気代値上げ影響額 22.6%】	14	
12	01	446	488	▲42		360	電話料 12か月*10区*3,000円		358	363	電話料 12か月*10区*3,028円 【消費税増税影響額 3】	3	
13	01	480	391	89		312	複合複写機保守 12月*26,000円		285	315	複合複写機保守 12月*26,241円 【消費税増税影響額 3】	3	
18	00	0	2,450	▲2,450	○○を緊急に購入する必要があったため	5,600	●●センター会議用テーブル・椅子 80*70,000円[局課題枠]		4,833	0		▲5,600	

【算出根拠】
　算出根拠欄には、事業内容（目的と内容）欄の項目（①②・・・）にあわせて、＜26年度の積算の考え方（単価の算出根拠も記載）＞と同様に記載してください。
●補足① 変更された入力欄について
・【予決乖離理由】25年度予算・決算の乖離の理由について、簡潔に記載願います。
・【算出根拠】26年度予算の算出根拠、27年度予算要求の算出根拠の欄を設けています。事業整理表の26年度予算の算出根拠を参考に詳細な記載をお願いします。なお、最終的に査定後の額に置き換えたものを実行計画書として取り扱うこととします。
・【助言事項】　財政課が入力しますので入力不要です。
●補足② 消費税増税分の影響額と電気料金値上げ影響額について
・各節の算出根拠の欄に影響額について明記をお願いします。
出所：札幌市

　以下は、札幌市の事例を再構成して、予算要求書の項目にそってまとめたものである。
　事例1については、【事業の意義・必要性】については、留学生の数など具体的な数字をあげて、事業の背景を説明している。また、（参考）として、市及び国の関連計画を挙げている。【事業内容】については、具体的に行うことを、わかりやすく記述している。【事業費】

については、項目毎に単価×数量によって、具体的に積み上げている。

① 予算要求の事例1
【事業名】 留学生など外国人のサポートについて（K区）

【事業の意義・必要性】
- 札幌市内に9,156名の外国人が居住。このうちK区には全体の22.7％にあたる2,077名、85の国・地域の外国人が居住しており、10区の中で最も多い（平成26年4月1日現在）。このうち留学生は、約1000人（北大の留学生約1500人の3分の2）とみられる。
- 諸証明窓口では、北海道大学への留学生はじめ外国人の転出入・異動手続きのほか、税証明請求なども多数受けており、日本語の理解が困難な方の場合、英語力のある職員の応援やコールセンター外国語案内の利用などで対応しているが、表記や体制など全体として不十分である。特に、福祉関係は複雑な手続きとなることも多く、対応する職員も戸惑うことが少なくない。
- また、行政から郵送される文書も漢字表記が多いなど、理解しやすいとは言えない状況である。
- さらに、留学生は、住まいを探すことについても課題を抱えており、彼らへのサポートについて、検討が必要である。

（参考）
◎札幌市国際戦略プラン（2013～2022年度）基本方針Ⅱ「多文化共生社会の実現～多様性と創造性の創出」主要プロジェクト⑤「留学生誘致・受入促進」
◎国の産業競争力会議 留学生14万人⇒30万人 大学と地域が連携した外国人留学生の生活支援の充実
◎総務省 「地域における多文化共生推進プラン」（平成18年3月）

【事業内容】
- 外国語の説明資料やサインの作成、必要書類のHPのアップなど、

外国人にわかりやすい手続きの工夫と窓口の対応を進める。具体的には、指差し会話帳を若手職員プロジェクトチーム（PT）によって作成するほか、参考となる英語版の冊子を福祉窓口職員に配布する。また、外国語による情報提供や説明のために電子機器の導入の検討を進める。さらに、留学生の住まいや地域の行事参画などについては、民間主体の支援活動が促進されるようなコーディネートを行っていく。
- これらを推進するために、区役所内に「留学生等外国人サポート連絡会議」を設置し、有識者等も招いて、検討する。また、同様に留学生支援を行うとしている商工会議所などとの連携もはかっていく。
- 地域で暮らす留学生の生活の支援については区のまちづくりや国際交流の面からも重要であり、商店街との交流などを新たに行いながら、その推進をはかっていく。

【事業費】　※（　）は節
- 指差し会話帳作成　＠300 × 100冊　30,000円（11-51）
- 若手PT事務費 5人 × 8時間 × ＠1,500円　60,000円（03-21）
- アドバイザー謝礼　80,000円（08）
- 英語版冊子の購入　＠200 × 50冊　10,000円（11-51）
- 翻訳のためのモデル機器試験導入　計 48,000円（18）
- 窓口サイン表示制作　区役所1階、2階　大＠90,000　小＠50,000 × 3
  保健センター　大＠90,000　小＠50,000　計 380,000円（11-51）
- サポート連絡会議開催　有識者、留学生謝礼　10,000円（08）
- 留学生の住まいと生活を考えるワークショップ支援　2回コーディネーター　謝礼　40,000円（08）
- 北大、商工会議所、商店街などとの連絡会議　貸室借り上げ料 2回　10,000円（14）
- 事務費　＠3,000 × 10時間　30,000円（03-21）

合計　698,000 円

② 予算要求の事例2
　本事例は、【事業の必要性】で、事業の背景と必要性を記載して、【事業内容】で既存の市民農園事業と異なる仕組みを説明している。

【事業名】市民参加型さっぽろ元気ファームモデル事業（農政部）

【事業の必要性】　近年、余暇活動として行う農作物の栽培、農作業を通じた健康増進・生きがいづくり、さらに食の安全・安心や食農教育など農業への関心が高まっている。また、農家の高齢化が一段と深刻化するなか、担い手不足等を背景に農地の遊休化が増大している。このことから、市民が耕作する農園は、都市と農業の共生・市民交流による地域農業の活性化及び農地の保全活用を図ることが強く求められている。

【事業内容】　市民が気軽に農的体験ができる機会を創出するとともに、あわせて農地の保全を図ることを目的とする。農家、NPO、行政、企業等の協働による体験農園モデル事業を実施し、平成24年に推進委員会の立ち上げと事業用地の選定、簡易基盤整備（土壌改良等）を実施し、平成25年〜平成26年度に、各年1箇所開設する。また、これらの機運を醸成し、市民が農業を考えるための市民農業フォーラムを開催する。
・（仮称）さっぽろ元気ファーム推進委員会の立ち上げ
・事業用地（協力農家の農地）の選定及び簡易土壌改良整備
・さっぽろ元気ファーム推進委員会事務費
・市民農業フォーラムの開催

【事業手法や事業規模等】　原則、共同作業による体験型農園として、また、施設整備を予定していないため、規模をあまり大きくしない（1

ha 程度)。

　ファームの運営は、NPO など農業応援団体が協力。園主(開設農家)及び団体から栽培指導を受けられる。簡易な土壌改良の経費は、行政の支援によって行うが、その他の必要経費は、利用者からの入園料と企業の支援金によって賄う。また、入園者同士の交流会の開催など実施。行政は、関係機関と連携して制度 PR を行う。

・事業予定地は、遊休農地等で未管理牧草地等が多く、体験型農園開始時の土壌条件に恵まれていないため、堆肥投入、プラウ耕など簡易な土壌整備を実施する。
　※次年度開設のための準備　1ha の開設：600,000 円 (@ 6,000 円/10 a) (15)
・推進委員会アドバイザー謝礼
　20,000 円× 1 人× 3h × 3 回＝ 180,000 円　(08)
・事業パンフレット作成
　600 円× 500 部＝ 300,000 円 (11-51)
・市民農業フォーラム開催　700,000 円 (13)
　合計　1,780,000 円

(5) イベントなど開催経費

　まちおこしや行政施策の市民への周知、普及啓発などために、イベントの開催は珍しくない。この一方で財政状況は厳しく、不要不急の経費は抑える、という方針が示される。イベントの予算要求は厳しい見方をされることが少なくない。

　「簡素で効率的に実施できるよう、これまでの事例にとらわれることなく、事業の内容・規模を見直すなど経費負担の軽減を図ること」(沖縄県 27)。

① ノウハウを蓄積

　イベントの適正規模というのは、その自治体の方針や事業の目的に

よって異なるが、実際、決められた予算の範囲内で可能なレベルで執行されるものであり、定量的な説明が難しい。

　また、同じ規模でも、行政が自前で開催するのと、委託、補助などによるのとはかかる経費が大きく異なる。他のイベントと連携して、会場の一角やブース一コマを利用するような工夫も考えられる。

　各自治体には、数多くの式典などを開催してきた経験があり、そのための各種用品をはじめ、ノウハウが残っているはずだが、どうしても、個々の部局単位である。それを、庁内の共通資産に置き換え、全庁的な活用の仕組みを構築してくことが求められる。

　「イベント・式典等で使用する物品については、市で所有しているものは最大限に活用し、安易にリース等により調達しないこと」（京丹後市27）。

　ある中核市では、職員提案によって、行事の必要備品の有効活用を図れるよう、貸出、借受けルールを策定し、平成26年度から実施している。

② 積算項目

- シンポジウムやセミナーであれば、どの講師を招へいするかが、大きなポイントの一つである。見積もりの時点では、特定の名前までは必要ないが、どのクラスなのかはおさえておく。ただし、あまり高額になると、全体の中のバランスが悪くなるし、そもそもイベント自体の趣旨からも問題になるだろう。
- 次は、会場の想定である。対象者が参加しやすい曜日と時間帯で開催できる会場を確保したい。開催が土日を想定して、大きなキャパシティが必要であるのなら、早めに仮予約をしておかなければ、すぐに埋まってしまう。会場使用料のほか、設備使用料も大きくかかることがあるので、施設側によく確認をしておくことが必要だ。
- 当日のプログラムやパンフレットなど参加者への配布物も、しっかりとしたモノを作成しようとすれば、意外と経費はかかるので、過去の実績調査や参考見積もりを徴しておこう。

・託児を行うとすれば、そのためのスペースはあるのか、託児を担うのはボランティアか民間の団体にするのかでも経費は異なってくる。
・会場内の看板、垂れ幕、玄関前の立て看板など別途費用が必要となることが少なくないので、施設側に確認をしておくことが必要だ。
・参加者が体験できるようなことがあるとすれば、その態様に応じて、傷害保険も検討しなければならない。

③ 周年事業など

開館○○周年、第△△回記念大会、協定締結▽▽周年記念シンポジウムなど、節目の年にイベントを開催することがある。厳しい財政状況のもと、その間隔や規模も見直されてきているが、それでも、一定の年数の歴史を積み上げてきたことは評価されるべきだろうし、あらためてのPRの機会にもなる。

そこで、○○周年事業費の予算要求を考えてみよう。

例えば、姉妹都市40周年記念行事ならば、過去の周年行事の実績を調査するのが、見積もりのスタートである。互いの都市への訪問団の有無によっても、経費は大きく異なる。また、旅費などについて参加者に応分の負担を求めることも大切な視点になる。

さらに、直接の担当部門だけで行事を行うのではなく、全庁的に既存事業に記念事業の趣旨も重ねて行う事業を展開できれば、効果的である。

○札幌市の例（平成21年度）　　　　　　　（単位：千円）

札幌・ポートランド姉妹都市提携50周年記念事業	10,500
50周年記念式典等	3,800
本市訪問団旅費等	2,650
ポートランド訪問団滞在経費等	1,950
事務費	2,100

（参考）ポートランド　　45周年　　6,500　　平成16年度

瀋陽	25周年	5,800	平成17年度
ノボシビルスク	15周年	6,000	平成17年度
ミュンヘン	35周年	5,800	平成19年度

(他部局の記念事業)　　　　　　　　　　　　　　　　　(単位：千円)

所管部	事業名	事業費	概要
円山動物園	教育普及 (『オレゴンの森』)	1,000	夏休み期間中にポートランド周辺の動植物を展示
観光部	ポートランド姉妹都市提携50周年記念観光PR事業	500	50周年の記念で札幌への関心が高まっているタイミングで観光PRを実施
スポーツ部	国際親善ジュニアスポーツ姉妹都市交流事業	3,761	20名程度の選手団（女子中学生の予定。種目未定）を派遣
スポーツ部	札幌マラソン大会姉妹都市交流事業	343	札幌マラソン大会に、ポートランドより役員・選手を招聘（4名程度）
議会事務局	札幌・ポートランド姉妹都市提携50周年記念事業	7,102	姉妹都市提携50周年を記念した議員訪問団の相互派遣・受入

　また、○○○サミットという全国規模の事業を初めて自分の自治体で行う場合、当然、過去の実績はない。他都市の実績を調査して、自治体の規模、事業費などから、おおよその事業規模を試算し、これを一つの目安にして事業費の積み上げをしていくことになる。
　例えば札幌市では北海道洞爺湖サミット開催関連事業を積算する場合に、九州沖縄サミットの際の那覇市実績から、標準財政規模の比較から、規模を推計した。

(単位：千円)

	那覇市(A)	札幌市(B)	B/A
標準財政規模	51,427,808	403,994,034	7.86

那覇市実績13,262 ⇒ 本市想定額 13,262 × 7.86 ≒ 104,000 千円

④ フォーラム開催経費

鳥取県西部地震15年フォーラム開催事業〔西部地震15年事業〕[1]
　平成27年は、鳥取県西部地震（平成12年10月6日）から15年の

節目にあたることから、この機会を捉えて、防災意識向上事業を実施することにより、風化が懸念される鳥取県西部地震の教訓を再認識するとともに、県民の防災意識の向上や防災・減災マインドを醸成する契機とする。

また、人口減少や地域間連携の視点を踏まえ、これからの防災のあり方について考える。

・予算要求額

■報償費　　150,000 円
　　講師　　50,000 円
　　パネリスト等　　100,000 円（20,000 × 5 名）
■特別旅費　200,000 円
　　講師　　　150,000 円（宮城・1 泊 2 日）
　　地震体験者、パネラー等　　50,000 円（県内 10,000 円 × 5 名）
■食糧費　　160,000 円
　　講師ほか弁当、茶菓代　（2,000 円 × 20 名）
　　意見交換会費（8,000 円 × 15 名）
■その他需用費　700,000 円
　　看板、垂れ幕、チラシ、プログラム作成　700,000 円
■役務費　　100,000 円
　　テープ起こし、要約筆記　100,000 円
■使用料及び賃借料　350,000 円
　　会場使用料　　350,000 円

　　　　　　　　　　　　　　　　合計　1,660,000 円

　防災については、その地域によっての状況は異なるが、官民あげての取り組みが大切であり、防災意識の向上のイベントの必要性は小さくない。15 年の節目に実施する、ということも納得しやすい。

　経費については、166 万円となっている。このイベントの開催の目的からみて、講師など出演者などの人数や謝礼、開催ＰＲや参加人数と会場の規模、関係資料の作成経費などから、高くないか、また、他

の防災対策事業でどこまで経費をかけているのかといった相対的な側面もあわせて、妥当性が判断されていくべきだろう。

(6) 国県からの委託事業

　委託事業は、目に見える一般財源を要しない。しかし、安易に行うとすれば、人件費などの事務コストが嵩むことがあり得るので、十分留意が必要だ。

　「国庫 10/10 というだけで、安易に受け入れるのではなく、人件費がかかることや、委託終了後の対応も考え、必要性や効果を十分検討」（隠岐の島町 26）。

(7) 委託料（施設維持管理費等）

① ポスターなどの委託

　ポスターやリーフレット制作の見積もりでは、過去の実績があれば、それを参考にする。

　企画などを含んだ印刷は、業務委託になる。ポイントの一つは、どのような仕様かである。用紙の種類によって、上質紙、マットコート紙、コート紙、また、厚さの違いがある。

　パンフレットの印刷では、頁数と部数によって、経費は異なる。ただし、1,000 部と 2,000 部で経費が倍になるということではない。必要以上に部数を絞って、あとになって不足し、追加印刷するような事態になるのなら、当初から一定の印刷部数を確保することの方が経費を抑制する道になる。

　図表 6 - 7 は、ポスターとリーフレットの制作業務委託費の積算事例である。

　デザインは、原稿がある場合と作成依頼をする場合で大きく異なる。本事業の価格は、後者の方である。イラストの料金は数千円～数万円まで幅があり、大きさによって異なってくる。このように、トータル

図表6-7　業務委託費の積算事例
(単位：円)

項目	仕様	数量	単位	単価	金額
Ⅰ ポスター					361,800 (うち消費税 26,800)
制作　企画費 デザイン イラスト 版下 印刷費	 (データ作成) B2版，2色，コート紙 135kg 再生紙	1 1 1 1 200	式 式 点 点 枚	30,000 85,000 90,000 30,000 500	30,000 85,000 90,000 30,000 100,000
Ⅱ リーフレット	A3両面二つ折				529,200 (うち消費税 39,200)
制作　企画費 デザイン イラスト 版下 印刷費	 A3両面二つ折 表紙 中面 A3両面 2色＋2色，コート紙 110kg 再生紙	1 1 1 3 2 5,000	式 式 式 点 点 枚	50,000 80,000 60,000 40,000 15,000 30	50,000 80,000 60,000 120,000 30,000 150,000
合計					891,000

の価格は実は内容でも大きく増減するものであり、参考見積もりも徴して、積み上げることだ。

　なお、民間の情報誌と連携して、PR情報を経費負担なしで掲載したり、逆に、新たなPR冊子を低額の負担で作成したりするような手法も検討に値する。成果をあげるには、技術的な知識のほか、コーディネート能力が必要となる。

②　施設維持管理費

　建物の清掃警備等の業務については、履行品質の確保とともに低価格による弊害を防ぐ目的から、最低制限価格制度又は低入札価格制度が適用されている。

　以前であれば、入札結果の実績に基づき、相当抑えた予算要求とすることも可能であったが、現在は、過度な競争による労働者の賃金そ

の他の労働環境へ留意して、適正な価格で契約できるような予算の確保が求められる。

したがって、労務単価が上昇する中、仕様は変わらない限り、前年度の予算又は実績を下回る予算要求は難しいことになる。仮に、シーリングなどの理由で、予算額の抑制をしなければならないとしたら、仕様の見直しによるしかない。例えば、事務室の床の表面洗浄の回数を減少するなど個別具体の見直しをせざるを得ないので、常日ごろから、清掃の状況や執務環境について意識をしておく必要がある。

機械警備については、基地局（本部）経費があり、施設に設置する機械器具については、受託者側で調達する契約が一般的となっており、レンタル又はリースによって調達しているケースが多い。また、設置費用が施設の構造や面積によって、増減することになるので、複数の警備会社から情報収集をしておく必要がある。また、企業経営及び労働者雇用の安定化を図るため、長期継続契約（地方自治法第234条の3）を活用して、5年間など複数年の契約を締結する例がある。

これらの委託業務は、大型の公共施設であれば、指定管理者制度の中で措置されることが多いが、当然、行政直営と同様に適切な手続きによって適正な価格が確保されるべきものである。

図表6-8は、見積もりの事例（札幌市27）である。

図表6-8 経費見積書例

施設維持管理等経費見積書(●●センター)
(委託事業)　　　(委託先 ●●協会)　　　(担当部●)●●部　　　(単位:千円)

項目 節・細節	25年度決算	26年度予算	27年度予算 要求額 (A)	27年度予算 査定額	増減率 (%)	うち 本部経費 (B)	差引 (A)-(B)	備考
01 報酬	10,000	10,000	10,000	0		0		
報酬	10,000	10,000	10,000				0	ランク　　人数　　　　　　ポスト　人数
02 給料	35,000	34,000	33,000				0	平均級　2　人数　5　積上
03 職員手当	6,500	7,500	7,500	0			0	出資団体の決算資料等から確認できる範囲で記載すること。
20 特勤手当(定額分)	0	0	0				0	
特勤手当(定率分)	0	0	0				0	平均級　　　人数
時間外・休日手当	6,500	7,500	7,500				0	市派遣1名、プロパー4名
04 共済費	5,500	5,200	4,800	0			0	
01 報料	0	0	0				0	健康保険料、労災保険料等　積上
02 給料(健康保険等)	5,000	4,800	4,500				0	健康保険料、労災保険料等　積上
給料(その他)	500	400	300				0	退職金共済掛金　　　　　積上
03 賃金(事務)	0	0	0				0	積上
賃金(業務)	0	0	0				0	臨時職員健康保険料、労災保険料　積上
07 賃金	8,000	8,000	7,500	0			0	
01 事務補助	8,000	8,000	7,500				0	臨時職員　　　　　3　積上
02 業務補助	0	0	0				0	
08 報償費	700	500	300				0	諸謝金(税理士・社会保険労務士・講師謝礼)
09 旅費	170	150	120				0	●●協議会参加、営業車借上げ
10 交際費	0	0	0				0	
11 需用費	19,710	19,000	20,000	0			0	
51 その他	4,500	4,500	4,500				0	用紙類、新聞雑誌、事務用品、修繕費、印刷製本費
52 食糧費	10	0	0				0	理事会・評議員会経費
53 光熱水費	11,200	11,000	12,000				0	電気料 11,000 電気料(値上げ)　1,000
54 燃料費	3,000	2,500	2,500				0	重油代　　　　　　　26予算同額
55 建物補修費	1,000	1,000	1,000				0	冷暖房、自動ドア修繕等　　定額
56 賄材料費	0	0	0				0	
12 役務費	2,700	2,500	2,500				0	通信運搬費、支払振込手数料、受信料、施設賠償保険料、広告宣伝料
13 委託料	35,000	35,000	34,600				0	
01 その他委託料	35,000	35,000	34,600				0	施設清掃料等
02 工事関連委託料	0	0	0				0	
03 システム構築等委託料	0	0	0				0	
14 使用料・賃借料	3,800	3,400	3,000	0			0	
01 その他使用料・賃借料	0	0	0				0	
02 借地・借家料、継続的使用料賃借料	3,800	3,400	3,000				0	施設賃借料、事務機器リース契約
16 原材料費	0	0	0				0	
18 備品購入費	70	50	50				0	図書・什器備品等
19 負担金・補助・交付金	850	700	630				0	地域国際化協会連絡協議会負担金
27 公課費(事業所税)	0	0	0				0	
合	128,000	126,000	124,000	0		0		

出所:札幌市

③ 引越し業務の委託

　人口減少、庁舎の老朽化、民間ビルの空室増などから、行政の事務室が民間ビルに入居することがある。ただ、多くの職員にとって、初めて経験することであり、引越しに係る経費の予算要求に戸惑うことも出る。まず、他部局にある実績を調べることである。次に、専門業者から見積もりを徴収することになるが、基本的な事柄を理解しておかないと、適切な設計ができない。また、何を持っていき、何を処分するか、梱包は職員か業者かどちらが行うか、移動先での設置業務はどこまで行うか、といった引越し業務の仕様に含まれているか否かの微妙な事柄が出てくることもある。また、OA機器の設置や配線など

も誰が行うかを確認しておきたい。これらを詳細に詰めると同時に、可能であれば、少し幅をもった内容で予算要求をしておきたい。

次は、ある自治体の引越し業務の内容とそれに係る積算の内訳である（一部修正）。

業務内容

(1) 図面等の作成
　ア 什器備品配置現状図及び新レイアウト図
　イ タイムスケジュール表
　　・○○ビル及び他の受注業者との日程・時間調整
　　・移転部局との日程・時間調整
　　・エレベーター等本庁舎施設の使用日程・時間調整
(2) 養生
　什器備品の移設に伴う養生
(3) 什器備品等の移設
(4) 移設用段ボール等消耗品
　・段ボール800個（325mm×295mm×425mm）
　・什器・備品整理用シール4000枚
(5) 移設したOA機器等の調整

実際の予算要求にあたっては、図表6−9のような積み上げ計算を行って、過去の実績などから妥当と判断されれば、この計算通りの額を要求することになる。しかし、実績がもう少し低額であれば、入札の結果なのか、仕様の差によるものかを、確認をして、要求することになる。

図表6-9　A部什器備品移設業務

項　　　目	数　量	単位	単価(円)	金額（円）	備　　　　考
新レイアウト作図	5	人	18,000	90,000	
移動書庫解体・組立	20	人	18,000	360,000	
パソコン　移設・調整料	30	台	3,000	90,000	
庁舎内養生 〇階〜1階	300	m²	440	132,000	下地シート及び コンパネ敷設
移設トラック　4t	3	台	27,000	81,000	一般的レンタカー 料金
移設トラック　4t クレーン車(助手付)	1	台	45,000	45,000	一般的レンタカー 料金1台＋1人
搬出・搬入作業員	30	人	18,000	540,000	
段ボール	800	個	200	160,000	納入・一時保管含む
荷札	4,000	枚	15	60,000	什器備品等 整理番号シール
小計				1,558,000	
一般管理費（20%）				311,600	
計				1,869,000	千円未満切り捨て
消費税及び 地方消費税				149,520	
合計				2,018,520	

④　委託全般

　各都市の委託事業にかかる見積もりの要領などは次のようになっている。

　新規の委託は、「委託効果を十分検討し、直営と比較して有効性について具体的な数値等を記載」（佐倉市27）。

　「契約形態については、安易な競争入札に依らず、最も効果的な方法（随意契約・プロポーザル等）を検討」（ニセコ町27）。

　「アウトソーシングが求められる中ではあるが、安易に委託することは好ましくないため、見直しを行い削減を図る」（雲仙市27）。

　雲仙市が示すように、アウトソーシングが、アプリオリに効率的と

は限らない。専門技術的であったり、短期間に集中して実施する必要があるなど、行政の直接執行より、民間の活力を活用することが有利な場合は、積極的に取り組むべきであり、同時にしっかりとコントロールできるノウハウを自治体側が持っていることが必要である。

(8) 事務費等（各節）

① 時間外手当

　時間外手当の予算は、予算執行方針において流用増を禁止する自治体もあり、所要の金額の確保が課題になる。

　最近、法改正や新しい制度の創設が相次ぎ、関連の規定やシステムの変更や整備について短期間で対応しなければならず、この一方、職員の健康管理やワークライフバランスの観点から、時間外勤務の縮減はますます重要となっている。

　時間外勤務命令の管理の強化、ノー残業デーの徹底のほか、週休日勤務の振替や時差勤務なども進められてきている。さらに、可能な業務は前倒しにするなど計画的執行に努めるともに、組織内外の協力を求めるなど、一部の部局だけに負荷がかからないよう、できるだけ大きな執行体制を構築したい。

② 報償費

　報償費は、役務の提供等に対する謝礼又は奨励的な要素をもったものである。

　講演に対する謝礼も大学教授であれば、基準が定められているが、著名講師の場合は、異なり、1回50万円以上のことも珍しくない。さらに、秘書などの随行が必要な場合は所要経費がアップする。ただ、チャリティーなど公益的な行事への参加については、実費程度という場合もあり、事業の趣旨によっても異なるので、多くの情報を収集して、積算を行いたい。

　「記念品等の配布は（中略）効果が薄いものについては廃止・縮小

する方向で改めて検討」(山形市27)。

「講演会や研修会等における講師や手話通訳者の謝礼金及び啓発、奨励的な事業に係る賞品は、予算単価表の内容による要求することとする。また、賞品は可能な限り市内公共施設等の入館券等に振り替えること」(加賀市27)。

加賀市の方針は、公共活動への協力、財政負担の抑制と公共施設の利用促進などを狙ったユニークな事例である。

③ 旅費

出張を極力おさえる、という方針はほぼ全国共通であろう。インターネットなどによって、様々な情報を確かに入手できるが、先進事例などの視察はなお意義を失っておらず、少ない出張の機会を最大限生かすよう、職員間で情報共有するとともに、個々の職員が常に外部への高いアンテナを張っていることが大切になる。

「業務の必要性、効果を十分検討し、日程・回数・人数等を必要最小限にとどめ、前年度実績によるなど安易な計上は厳に慎むこと」(千歳市27)。

「移動手段については、公用車使用を原則とするが、JR・バス等を利用する場合は必要額を計上」(ニセコ町27)。

予算要求の時点においては、新年度の協議会などの会議開催場所が決まっていないこともある。この場合は、例えば、一人7万円という枠取りをして要求することになる。

④ 需要費

行政の執行に伴う物品(備品、原材料に含まれないもの)の購入及び修理などに要する経費で、その効用が比較的短期間に消費されるもの。予算要求では、積み上げ計算するよりも、シーリング対応などのための調整対象となることが多い経費である。

印刷製本費については、抑制基調が続いているが、高齢社会においては、周知の手段として紙媒体もなお一定の効果がある。あまり広報

手段を縛りすぎて、住民の理解へのマイナスになることは避けたい。

　なお、広報、観光宣伝などを除いて、行政資料を有償頒布することを原則とするところも多い。

　「印刷製本費は、ホームページの活用など、一層のペーパーレス化の推進、在庫印刷物の有効活用を十分検討」（山形市 27）。

　「原則として庁舎内での簡易印刷機を使用」（佐倉市 27）。

　「光熱費は、エコオフィス化を一層推進するため、電力使用等の省エネに努めた積算」（富士市 27）。

　食糧費は細節経理される。会議・式日の茶菓や弁当等、非常用の炊出賄費である。必要最小限とするべき経費である。

　「来客者用、会議用、災害対応用のみ」（京丹後市 27）。

　建物修繕費も、細節経理される。工事請負費との違いが、問題になるが、前者が、小規模で、かつ価値、効用の減少を防ぐものであり、後者が、大規模で、かつ、本来の価値又は効用を増加する目的を持つものである。

⑤　役務費

　業務で、外部に書類などを送付することはよく行われる。1件あたりの単価はそれほどでもないが、大量の件数になる場合もあるので、できるだけ効率的な手段を用いたい。

　「電話・郵便料金等の割引制度をよく調査」（山形市 27）。

　なお、通訳に係る経費は、役務契約に基づくので、役務費となる。

⑥　使用料及び賃貸料

　各種物件等の借上、使用に要する経費である。

　外部の関係者を入れた会議について、従前から、ホテルなどを使用している場合、庁舎内の会議室に切り替えるなど、見直しを進めていく余地がある。

　「会議等の会場使用については市有施設の利用を徹底し、車の借上げ等はその必要性を十分考慮し、節減に努めるとともに、公用自転車

の積極的な活用を図ること。また、高速道路の使用は自粛し、時間や交通状況等により真に必要な場合の利用とし、特定目的以外のタクシー利用については廃止する」（千歳市27）。

「複写機、印刷機などリースについては、できるだけ一括発注とし、契約更新時に契約条件を見直し、単価や関係経費を削減する」（ニセコ町27）。

⑦　備品購入費

　備品購入費は、必要なものを厳選して予算要求する。備品は、円滑な業務の遂行に支障をきたさない程度まで活用するべきだが、老朽化などによって安全性が懸念されるようになったら早期に更新などを図っていくべきだ。そのためには、備品の更新計画を作成しておくことがよいだろう。

　予算要求では、更新か新規かでポイントは異なる。前者であれば、必要性は一定程度共通認識がある場合が多く、緊急性についての説明が鍵になる。後者については、それによって、どのような効果が得られるか、業務の効率化なのか、又は、機能強化なのか、その必要性を説明できるようにしたい。

　なお、備品は、１年以上の耐用年数で、購入価格が、定められた一定額以上の物品をいう（札幌市は１万円以上）。

　「更新予定の物件は、現状の写真や全体的な更新計画等の説明資料を提出すること」（砥部町27）。

　「新車の購入に指しては、リースとの比較検討を十分に行うこと」（佐倉市27）。

　パソコンなどについて備品として購入するかリースにするかどちらが有利かと一時期よく議論になったが、行政においては、減価償却費などの節税効果を考える余地がないことから、金利分の負担を考えると、単年度で措置できるのであれば、購入する方が経費的に有利といえるだろう。

(9) 負担金及び補助金

① 負担金

　全国○○○協議会のような共通の規模や性格又は目的を持つ自治体の集まりは多い。以前は、自動的に加入するような状況もあったが、現在は、協議会の活動内容、その会費負担などから、その費用対効果を見極め、会員継続の是非の検討を加えることが必要となっている。

　脱退や会費の減額要請などをする場合は、協議会の中でも総会など必要な手続きを踏まなければならないので、少なくとも次年度の予算を議論する前の夏頃までには協議開始や通知をしておく必要がある。

　なお、自治体が他の団体とともに主催する事業に係る経費の一部を負担する場合は、補助金ではなく、負担金である。

　「加入目的が不透明なもの、行政効果の低いものは、積極的に脱退を検討すること」（京丹後市27）。

　「繰越金が負担金総額を上回るような各種協議会等は、負担金額等を見直すよう事務局に働きかける」（ニセコ町27）。

② 補助金

　補助金は、特定の事業又は研究を助成するために法令に基づいて交付する場合、あるいは、特定の事業又は研究が公益上必要ある場合にこれを助成するために要する経費である。

　補助金は、民間企業、民間団体の力や公私の役割に応じた助成を行うものであり、政策的に財源を活用できる仕組みであるが、きちんとした効果の検証なしで継続している補助金が多いことから、その見直しが全国各地で行政改革の柱の一つになっている。

　また、交付を受ける団体等も、真に必要な限度で補助金を申請し、かつ、最も有効に使う意識が、時に薄くなっている。一般的に、他から得たお金と自分のお金のどちらを大切にするか、と考えると分かりやすい。例えば、地域経済活性化に向けて、補助事業によって商業施設を作ると、その後の経営が悪化する場合が少なくない、という。そ

の理由は、次のとおりである。
・予算獲得のため、不必要なほど事業規模を拡大
・施設を作ることが目的化し、テナントの需要が二の次
・途中で中止や縮小が出来ない（日本経済新聞　2014年12月7日）

佐倉市では、チェックシートによってすべての補助金を外形的に評価している。

「補助要綱等を定め明確な基準に基づき交付すること。予算の範囲内での執行及び交付決定の公平性を確保するために、募集期間を設けるなど、執行上の見直しも積極的に行なうこと」（京丹後市27）。

「新設する補助金については、必ず終期を設定するとともに、達成目標を明確にすること」（栃木県27）。

この一方、アウトソーシングや官民の協働事業を奨励して、民間活力を生かす方向は強化されていくべきであり、公益性の観点から民間活動を支援する補助金の意義をあらためて整理していく必要がある。

○見積もりの事例（札幌市27）。

負担金、補助金及び交付金の要求に際しては、「負担金・交付金一覧表」及「補助金一覧表」を使用し、積算基礎欄に積算内訳及び増減理由等を記載すること。なお、団体補助金については、「付属説明書（団体分）」（図表6－10）、団体の平成25年度決算書、平成25年度事業報告書及び平成26年度事業計画書も併せて提出すること。

なお、平成21年度包括外部監査の結果を踏まえ、23年度予算編成の際、既存の補助金については、全て終期（サンセット）を設定すること、その補助金を継続する場合は改めて検討する必要性について触れている。

26年度においては、法律で定められた補助金以外の既存の補助金がすべてその終期を迎えることから、27年度予算編成において、その補助金の継続する必要性について、ゼロベースで検討を行うこととし、別途様式「付属説明書（事業費分）」（図表6－11）でその検討内容を提出すること。

なお、併せて法律で定められた補助金以外のすべての補助金に対し

図表6-10 付属説明書（団体分）

平成27年度 付属説明書（団体分）

＊のある欄は金額を入力すると自動的に表示されます。

<基本事項>

補助金名称	○○協議会補助金	開始年度	平成3年度	終了(見直し)年度		見直し年度 H26
事業担当課	○)総務部総務課	電話	211-○○○○			
対象団体	札幌市○○委員協議会					
団体の概要	本市の○○委員を会員として、この委員活動の健全な発展に寄与するため、各種研修会等の開催などの活動を行っている。					
代表者	●● ●●					

吹き出し：平成21年度の包括外部監査で指摘されているため、想定している終了（見直し）年度を記入してください。

吹き出し：団体の沿革や事業内容を記載してください。

		24年度決算	25年度決算	26年度予算	27年度要求
予算規模(千円)		10,000	10,000	10,000	10,000
当期損益					
歳入内訳	本市補助金	1,000	1,000	1,000	1,000
	本市補助金の構成割合	＊ 10.0%	＊ 10.0%	＊ 10.0%	＊ 10.0%
	国庫補助金				
	道補助金				
	会費・負担金	7,000	6,000	7,000	7,000
	その他	2,000	3,000	2,000	2,000
補助対象経費(千円)		2,000	2,000	2,000	2,000
補助対象経費(%)		＊ 20.0%	＊ 20.0%	＊ 20.0%	＊ 20.0%

<事業の分析>

補助の必要性	導入時	当協議会は、○○委員相互の連絡・協調を図り、委員活動の健全な発展に寄与することを目的として、各種研修会、専門部会を開催するなどの活動を行う。当協議会への補助により、個々の委員の資質向上・活動の発展が見込まれ、それにより、本市の福祉行政の一層の発展及び円滑な執行に寄与する。
	現在	平成○年○月に策定された札幌市○○社会計画において、○○委員は地域福祉の推進役として位置付けられており、地域において相談、指導助言等の担い手として活動し、本市が地域福祉を推進していく上で、重要な役割を果たしている。これら委員活動を強化していくために、行政として研修等を実施し資質向上を図る必要があり、当協議会はこれら研修などを自主的な活動として実施しており、本市の事務を代替している。
終了(見直し)年度以降の継続理由		平成○年○月に策定された札幌市○○計画の終了年度が平成26年度であったことから、当該補助についても同時に終了する予定であったが、このたび、平成30年度までを実施期間とした新計画(策定日)において本計画においても○○委員は地域福祉の推進役として位置づけられていることから、平成30年度まで継続する。
補助対象経費(各項目ごとの内容)	本部運営経費(人件費、事務所賃料等)	
	事業費(団体が実施する事業に係る補助)	○○委員協議会研修費、○○専門部会運営費
	その他	
補助対象とする理由		当協議会による研修会等の実施により、○○委員の資質向上及び地域福祉の推進に寄与している。また、○○委員法に定められているとおり、市町村は研修等を通じ委員への指導訓練を行うこととされている。
補助金の算出方法		補助対象経費の額。研修開催費：定額1,000千円

吹き出し：平成21年度包括外部監査で指摘されており、団体の運営費部分の補助金の支出に関しては、当該団体の自助努力によって解消すべきものと考えられるため、原則廃止としている。公益的活動を行うために当該団体が必要不可欠であり、かつ他に代替する団体が存在しない場合等、運営費補助が真にやむを得ないと考えられるもののみ補助対象とし、その理由を付属説明書に明記すること。また、その際は補助対象になっている団体の経費の種類を記載してください。
・理事人件費・事務所賃料など
なお、「管理費率(=管理費等/経常収益)」、「人件費率(=人件費/経常収益)」等を団体運営の効率性の指標とし、団体の運営指導に活用すること

吹き出し：上記に対する補助金交付が真にやむをえないと考える理由を具体的に記載してください。
・～を実施するために公益上必要不可欠な団体であり、他に代替する団体が存在しない
・事業は…のため公益上必要であり、補助金交付により○○の効果がある

吹き出し：補助対象経費ごとに算出方法を記載してください
・人件費 ○人×○千円

<事業の評価>

今後の方向性具体的取組	○○委員は地域の身近なところで、行政機関に協力しながら、多岐にわたる業務を無報酬で行っている。○○委員の資質向上のために当協議会が行う研修などに対して、行政として補助を行っていく必要がある。

出所：札幌市

て、継続する場合は合理的な期間内での終了（見直し）年度を設定すること。

いずれの付属説明書においても「補助の必要性」（導入時と現在）がある。導入時には、それなりの理由はあったが、現在は、事情が変化している、ということは少なくない。例えば10年前には、交付団

図表6−11　付属説明書（事業分）

平成27年度　付属説明書（事業分）

※平成21年度の包括外部監査で指摘されているため、想定している終了（見直し）年度を記入してください。

＜基本事項＞
*のある欄は金額を入力すると自動的に表示されます。

補助金名称	○○支援事業費補助	開始年度	平成14年度	終了(見直し)年度	見直し年度 H26
事業担当課	○)総務部総務課	電話	211-0000		
対象事業/交付先団体名	札幌市○○支援事業/札幌市○○委員協議会				
事業の概要	札幌市○○委員協議会が行う○○支援事業に対し、当該事業に係る人件費相当額を補助している。				

財源構成		24年度決算	25年度決算	26年度予算	27年度要求
	補助対象事業総額	9,000	9,000	10,000	10,000
	本市補助金（千円）	2,500	2,500	2,500	2,500
	特定財源（千円）	0	0	0	0
	一般財源（千円）	2,500	2,500	2,500	2,500
事業費に占める本市補助割合		27.8%	27.8%	25.0%	25.0%

＜事業の分析＞

補助の必要性	導入時	当該支援事業は、少子高齢化の中、地域における○○活動への支援を目的として実施されているものである。当該協議会は市内で唯一○○活動に対する支援事業を行っている団体であり、事業の補助により、本市の○○行政の一層の発展及び円滑な執行に寄与する。
	現在	平成○年○月に策定された札幌市○○計画において、○○協議会が行っている○○支援事業は地域福祉の推進にとって重要な役割を担っていると位置づけられており、本市における○○行政の一環として機能している。○○行政の一層の発展のためには、引き続き当該事業継続に向けた支援が必要である。
終了（見直し）年度以降の継続理由		平成○年○月に策定された札幌市○○計画の終了年度が平成26年度であったことから、当該補助についても同時に終了する予定であったが、このたび、平成30年度までを実施期間とした新計画が策定され、新計画においても引き続き当該事業を実施することと位置づけられたことから、平成30年度までの間、補助を継続する必要がある。
補助対象経費（各項目ごとの内容）	事業費	当該事業に係る人件費に相当する額
	その他	
補助対象とする理由		当該事業により地域における○○活動の活性化が図られ、本市が推進する地域福祉の推進に寄与しており、公益上必要である。
補助金の算出方法		○○事業人件費（2,500千円×1名）

補助対象になっている団体の事業とその簡単な内容を記載してください。
・〜事業費（・・・を促進するための事業）　など

上記に対する補助金交付が真にやむをえないと考える理由を具体的に記載してください。
・〜を実施するために公益上必要不可欠な団体であり、他に代替する団体が存在しない
・〜事業は・・・のため公益上必要であり、補助金交付にににより○○の効果がある

補助対象経費ごとに算出方法を記載してください
・人件費　○人×○○千円
・〜事業費　定額○○千円　など

＜事業の評価＞

今後の方向性具体的取組	○○協議会が行っている○○支援事業は地域福祉の推進にとって重要な役割を担っている。本市における○○行政の一環として継続する必要があり、引き続き当該事業継続に向けた支援が必要である。

出所：札幌市

体のような活動が、ほかにほとんどなく、公益性も高いが、現在は、NPOなど市民団体も含めて様々な活動がなされている、ということがある。「漫然」と行政が補助し、民間団体が受けている、といった事態はないだろうか。

　また、外郭団体などの団体分では、運営本部経費として、人件費を対象として補助しているものは、他の団体との均衡からも自助努力が求められ、解消すべき、と包括外部監査で指摘されている。

　札幌市では、平成23年度の予算編成の際、既存の補助金については、全て終期（サンセット）を設定し、平成26年度にその終期を迎えたことから、平成27年度予算編成において、補助金の継続する必要性について、ゼロベースで検討を行うこととした。

　このような調書を活用することによって、補助の必要性と効果について客観的な検証しながら、贅肉のない補助制度にしていき、少しでも民間の力を生かすような予算を作り上げていくことが求められる。

③　外郭団体等に対する財政支援

　外郭団体の運営やその財政支援については、市民から大変厳しい目が向けられており、透明、公正な財政ルールの適用が求められる。

　横浜市の予算編成方針（平成27年度）においては、次のような項目の徹底が求められている。

- ・外郭団体等保有資産の更なる活用――外郭団体等の基金等の取崩しなどによる補助事業への充当や市への寄付
- ・借入金の見直し――金利等の借入条件を点検、損失補償は必要額や借入条件について十分に事前に確認
- ・公有財産の貸付等の見直し――貸付、許可の決定プロセスや減免率が適切か再度点検
- ・補助金、貸付金、委託料の見直し――理由や効果を明確にするとともに、補助基準や必要額などの見直し

　次は、札幌市の見積もり要領（27）であり、厳しい方針がここでも示されている。

「札幌市出資団体改革新方針」(平成21年2月策定)の対象としている指定団体への財政的関与の縮減につながる取組みについては、「札幌市出資団体改革推進本部指導事項」(平成26年3月策定)を踏まえ、各団体との協議のうえ、出資の引き揚げや補助金の廃止・縮減など、可能なものを、見積り等に反映させること。

(10) 建設事業と維持管理費

① 建設事業

　新しい公共施設を整備するときや、大規模な改修をするときで、営繕部局が直接担当しない場合は、そこに建築費の見積もりを依頼して、それを元に予算要求書を作成することになる。ただし、建築単価が妥当なのか、建築の水準は適正なのかなど、建築の専門知識にない事業担当者にはなかなか判断が難しい。

　札幌市では、公共施設建設の予算要求する場合に、既存の建築単価の実績から見積もりの妥当性をチェックするための「建築予算見積書」の作成が求められる。

　工事請負費を「建築」「電気」「機械」の工種に分けて整理することによって、建築単価の分析を容易することができる。通常、建築の勉強は専門分野であり、新たな施設整備の見積もりは、要求する側も査定する側も大変な労力となるが、類似施設の実績と比較することによって、工種毎にレベルなどをチェックすることができれば、比較的容易に建築費の妥当性を判断することができる。

　次に、老朽化した庁舎について、強度を高める耐震工事や狭隘解消のために用途を変更する工事を行う場合に、そこにアスベストがあれば、除去工事を行う必要がある。これによって、通常の工期より延びることがあるなど、全体の工期と工事費に影響が及ぶこともあるので注意が必要だ。

　なお、全体事業費を明確に示さず、設計費などを予算に計上するいわゆる「頭出し予算」と呼ばれる手法がある。これは、事業の着手を

図表6-12 建築予算見積書

事業名										部
		施設概要	款 項 目 大 中 小			短縮CD				
			施設名：〇〇センター改築工事							
経費種別			比較施設（〇〇センター改築工事）			要 求			査 定	
			床面積 449.37 ㎡	構造 RC造	階数:地上2階、地下　階	床面積 449.80 ㎡	構造 RC造	階数:地上2階、地下　階		
			㎡単価(円)	金額(千円)	備考	㎡単価(円)	金額(千円)	備考(積算根拠)	㎡単価(円)	金額(千円)	査定理由

経費種別			㎡単価(円)	金額(千円)	備考	㎡単価(円)	金額(千円)	備考(積算根拠)	㎡単価(円)	金額(千円)	査定理由
工事請負費(A)	建築	直接工事費	主体工事	173,343	77,895		171,263	77,034	173,343円/㎡×449.8㎡×0.988(UP率)＝77,034千円	0	
			特別加算			比較対象となる類似施設の設計額等を記載してください。			工事費の積算根拠を具体的に記載してください。		
			特殊基礎工事								
			外構工事		6,764			5,178	5,241千円×0.988(UP率)＝5,178千円		
		工期			6月			6月			
		共通費	積上分		2,313			2,291			
			率分		20,698			20,502			
			合計		23,011			22,793		0	
		消費税			5,384			8,400			
		計		251,583	113,054		252,123	113,405		0	0
	電気	直接工事費	通常工事	16,679	7,495		18,584	8,359	18,809円/㎡×449.8㎡×0.988(UP率)＝8,359千円	0	
			特別加算		8,325	外灯1,378、LED235、太陽光5,754、その他958		247	LED:250千円××0.988＝247千円		
		工期			6月			6月			
		共通費	積上分								
			率分		6,631			4,789			
			合計		6,631			4,789		0	
		消費税			1,123			1,072			
		計		52,460	23,574		32,163	14,467		0	0
	機械	直接工事費	通常工事	17,587	7,903		17,374	7,815	17,586円/㎡×449.8㎡×0.988(UP率)＝7,815千円		
			特別加算		2,239	衛生器具1,140、給水393、排水319、ガス387		3,844	衛生器具1,354、給水385、排水1,825、ガス327		
		工期			6月			6月	3,891×0.988(UP率)＝3,844千円		
		共通費	積上分								
			率分		3,939			4,644			
			合計		3,939			4,644		0	
		消費税			704			1,304			
		計		32,902	14,785		39,144	17,607		0	0
	その他										
	小計			336,945	151,413		323,430	145,479		0	0
	うち主体・通常工事			207,608	93,293		207,221	93,208		0	
委託費(B)	土質調査					(税込)			(税込)		
	設計	建築				(税込)			(税込)		
		設備				(税込)			(税込)		
	監理	建築			5,000	(税込)		4,957	(税込)		
		設備			2,000	(税込)		1,969	(税込)		
	計				7,000			6,926		0	
その他(D)	初度調弁費(C)					(税込)			(税込)		
	水道負担金					(税込)			(税込)		
	下水道負担金					(税込)			(税込)		
	計				0			0		0	
計(E=A+B+C+D)					158,413			152,405		0	
用地取得費(F)											
合計(E+F)				352,522	158,413		338,828	152,405		0	0
(参考)事務費	原局分										
	建築分				1,151	※事務費は、工事費から切り出し		1,151	※事務費は、工事費から切り出し		
	計				1,151			1,151		0	

出所：札幌市

優先して、全体の財政負担を判断できないので、望ましくないといわれる。少なくとも、事業のスタート前に、全体の事業費の概算やランニングコストなどをできるだけ具体的に示すことが求められる。

　図表6－12は、○○センター改築工事の見積もりである。比較施設として、同じ規模のセンターの実績が示されている。いずれもRC造り地上2階建てである。建築工事は、主体工事の単価が、比較施設をやや下回る見積もりである。また、電気工事については、比較施設が太陽光に係る分が特別加算されて大幅に高くなっているが、通常工事では、要求施設の方が高い。機械工事では、特別加算（排水）によって要求施設の単価が高くなっている、ことがわかる。

　また、監理の委託費は、工事請負費に対する割合が約4.8％であり、これは、比較施設の実績とほぼ同じであり、妥当な水準であると考えることができる。

　このように、建築単価を各工種の主要な内訳をみることなどによって、全体として、妥当な水準なのか、又は、特別な事情によって建築単価の増減があるのか、などについて原課が確認をして、責任をもった要求金額を算出することができる。

②　施設建設等に伴う初年度維持管理経費と平年度化経費

　新たに公共施設を建設して、年度途中から供用が開始される場合、その維持管理費は、開設（準備）時期からの積算となるが、翌年度は、通年の予算が必要となり、これを、平年度化経費と呼ぶことがある。

　札幌市では、前者を「施設建設等に伴う初年度維持管理経費等要求書」（図表6－13）により見積ることとしている。

　図表6－14は、札幌市の「平年度化経費要求書」であり、既に実績があるものについては、予算の数量等を単に通年度化するのではなく、その実績等を参考のうえ適正に見積ること、とされている。特に、光熱水費は季節によって使用実績が増減するので注意が必要だ。

図表6-13 施設建設等に伴う初年度維持管理経費等要求書

事業名：○○○○　　　　　　　　　　　　　　　　　　　　　　部

<要求内容>
<要求内容>：事業概要のほか、竣工年月日、稼動開始日（維持管理経費が発生する日）についても記載してください。

<施設概要等>
<施設概要等>：施設の構造や階建、延床面積、主要設備の状況（EVの基数やロードヒーティングなど）等、詳細に記載してください。

節	見積額	項目	数量	単価	金額	摘要
				円	千円	
11　51	300	消耗品費	1式	300,000	300	
11　53	2,530	上水道	3月	205,000	615	電気料金値上げの影響については、その金額を把握する必要があるため、項目上切り出して記載願います。
		下水道	3月	103,000	310	
		電気料	3月	265,000	795	
		電気料（値上げ分）	3月	10,000	30	
		ガス	3月	260,000	780	
12　1	100	通信費	3月	33,333	100	
13　1	6,100	清掃費	1式	1,552,000	1,552	
		警備委託料	1式	476,000	476	
		昇降機保守点検（北）	1式	765,000	765	エレベータ1基、エスカレーター2基
		昇降機保守点検（南）	1式	167,000	167	エレベータ1基
		機械設備保守点検	1式	225,000	225	空調設備、衛星設備
		電気・火災報知設備等保守点検	1式	794,000	794	
		除雪費	3月	707,000	2,121	
合計	9,030				9,030	

施設名・施設規模	項目	実績		事業名	項目	実績		次年度平年度化に向けての特記事項
施設の構造や階建、延床面積、主要設備の状況（EVの基数やロードヒーティングなど）等、詳細に記載してください。	消耗品費	年額 ○○○ 千円	類似施設			年額 ○○○ 千円		
	上水道	年額 ○○○						
	下水道	年額 ○○○						
	電気料	年額 ○○○						
	ガス	年額 ○○○						
	清掃	年額 ○○○						
	警備	年額 ○○○						
	設備保守	年額 ○○○						
	その他	年額 ○○○						

※ 類似対象施設がない場合、類似事業を記載してください。

出所：札幌市

図表6-14 平年度化経費要求書

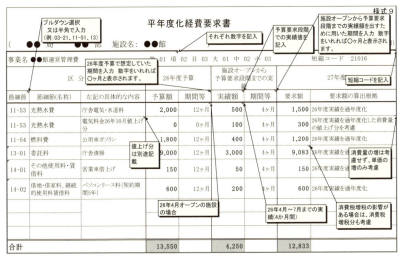

出所：札幌市

（11）扶助費

　高齢化や地域経済の疲弊によって、今や扶助費が財政の中で一番の増加経費となっている自治体は少なくない。国庫負担はあるものの、その一般財源の投入の大きさが他の経費を圧迫してしまう。扶助費については、原課としては、年度途中で不足しないような金額を確保したいが、財政当局としては、できるだけ予算額を抑え、一般財源の投入を抑制したい意向が働くようだ。当然、経済環境などによっても、大きく増減することがある経費であり、新年度に入って予想以上の伸びとなる場合は、補正等の対応も必要となってくる。

　扶助費は、国、県の動向を見極めるとともに、経年の実績などから対象者や単価（国庫負担）の推計を的確に行う。

　特に、この経費は、医療費との関連が強いものもあり、例えば、インフルエンザが流行った年には、大きく増加するなど、各年度の特殊事情を踏まえて、伸び率を見ることが欠かせない。

　図表6－15は、扶助費見積書（札幌市）である。

　札幌市では、過去3か年の伸び率と実績を踏まえた上で、新年度に見込まれる特殊要素なども踏まえて見積もりを行うことが多い。

　実は、この場合、決算見込みをどのように算出するか、それによって、経年の伸び率なども影響を受ける。ここでは、すでに実績の出ている3～7月分に加えて、8～2月分について、過去3か年の同期間実績の伸び率で見込んでいる。このほか、実績をもとに、月毎に見込む方法などもある。

　扶助費については、適正な見積もりの確保と同時に、関係団体との事業との連携と棲み分けや地方単独事業が含まれていれば、適宜その見直しの検討も行っていく必要がある。

図表6-15 扶助費見積書

		単位	23年度決算	24年度決算	23決～24決伸率	25年度決算	24決～25決伸率	26年度予算	25決～26予伸率	26年度決見	25決～26決見伸率	27年度予算	伸率対決見	伸率対予算	積算根拠 26年度決見	積算根拠 27年度予算	特定財源 国庫支出金	特定財源 道支出金	その他	一般財源
給付	単価	円	5,000	5,000	0.0	5,000	0.0	4,500	▲10.0	4,500	▲10.0	4,500	0.0	0.0	26年度予算同額	26年度予算同額	国庫負担金 ×1/2			
	件数	件	15	17	13.3	19	11.8	25	31.6	28	47.4	35	24.2	39.1	3～7月実績分に加え、8～2月分について、過去3.5年の同期間実績の伸び率で見込んだ	過去3.5年平均(24決、25決、26決見)で伸び率を算定	:事業費			
	金額		75	85	13.3	95	11.8	113	18.9	126	32.6	156	23.8	38.1			217	145	72	73
その他	単価	円	2,000	2,000	0.0	2,000	0.0	2,200	10.0	2,200	10.0	2,200	0.0	0.0	26年度予算同額	26年度予算同額	道負担金 ×1/4			
	件数	件	20	30	50.0	40	33.3	50	25.0	46	15.0	61	32.8	22.2		3～7月実績分に加え、8～2月分について、過去3.5年の同期間実績の伸び率で見込んだ	過去3.5年平均(24決、25決、26決見)で伸び率を算定	:事業費			
	金額		40	60	50.0	80	33.3	110	37.5	101	26.3	134	32.7	21.8						
	小計		115	145	26.1	175	20.7	223	27.4	227	29.7	290	27.8	30.0						
	単価				#DIV/0!		#DIV/0!		#DIV/0!		#DIV/0!		#DIV/0!	#DIV/0!						
	件数				#DIV/0!		#DIV/0!		#DIV/0!		#DIV/0!		#DIV/0!	#DIV/0!						
	金額		0	0	#DIV/0!	0	#DIV/0!	0	#DIV/0!	0	#DIV/0!	0	#DIV/0!	#DIV/0!						
	単価				#DIV/0!		#DIV/0!		#DIV/0!		#DIV/0!		#DIV/0!	#DIV/0!						
	件数				#DIV/0!		#DIV/0!		#DIV/0!		#DIV/0!		#DIV/0!	#DIV/0!						
	金額		0	0	#DIV/0!	0	#DIV/0!	0	#DIV/0!	0	#DIV/0!	0	#DIV/0!	#DIV/0!						
	小計		0	0	#DIV/0!	0	#DIV/0!	0	#DIV/0!	0	#DIV/0!	0	#DIV/0!	#DIV/0!						
	合計		115	145	26.1	175	20.7	223	27.4	227	29.7	290	27.8	30.0			217	145	72	73
	単価				#DIV/0!		#DIV/0!		#DIV/0!		#DIV/0!		#DIV/0!	#DIV/0!						
	件数				#DIV/0!		#DIV/0!		#DIV/0!		#DIV/0!		#DIV/0!	#DIV/0!						
	金額		0	0	#DIV/0!	0	#DIV/0!	0	#DIV/0!	0	#DIV/0!	0	#DIV/0!	#DIV/0!						
	単価				#DIV/0!		#DIV/0!		#DIV/0!		#DIV/0!		#DIV/0!	#DIV/0!						
	件数				#DIV/0!		#DIV/0!		#DIV/0!		#DIV/0!		#DIV/0!	#DIV/0!						
	合計		0	0	#DIV/0!	0	#DIV/0!	0	#DIV/0!	0	#DIV/0!	0	#DIV/0!	#DIV/0!			0			
	合計		115	145	26.1	175	20.7	223	27.4	227	29.7	290	27.8	30.0			217	145	72	73

出所：札幌市

4　事務事業の見直し

(1) 見直しの方法

　札幌市の予算見積要領では、「シーリングは事業の一律縮小を目的としたものではなく、事業の見直し・新規立案が柔軟に行われ、事業の新陳代謝が図られることを促すため」（札幌市27）としている。
　また、次の「見直しの4つの視点」を示しているが、一般的な見直しの基準ととらえてよいだろう。
　①必要（有効）性：時代の変化等に伴い、必要性や効果が薄れていないか
　②担い手：民間事業者や地域団体、NPOなどに事業の全部又は一部を委ねることが適当ではないか
　③事業水準：時代の変化の中でサービス水準・事業規模・受益者負担を再検討する必要はないか
　④効率性：実施手法としてより効率的に行うことができないか
　時代の変化の中、これまでの事業の効果が薄れ、他の事業の充実や新たな事業に財源を振り向けることがより効果を生むことは多い。見直しの視点は、絶対的な基準ではなく、相対的な優先順位を判断する手がかりとなるものだ。すなわち、不必要な事業が直ちに明確になるというより、事業の必要性の順位が明らかになっていき、その下位の事業が見直しの対象となるイメージである。
　この「必要性」の視点について、「時代の変化」とは、人口減少、少子高齢化、高度情報化、厳しい財政状況、アベノミクスなど時代の動きであろうが、これらは、見直しの視点であるが、同時に、施策、

事業の充実する方向を示しているともいえる。

「担い手」については、受け皿となる民間事業者などの力が高まっていくことが大切である。これを可能にするのは、情報提供の充実やノウハウの支援など行政による環境整備だ。そして、行政と民間が互いの役割を果たして、事業効果を生み出していく関係の構築が必要である。

「効率性」については、「実施手法としてより効率的に」は当然であるが、これが可能になるのは、行政の組織、職員がしっかりとしたノウハウを持っていることである。

したがって、見直しについては、各事業に絶対的なポジションがあるのではなく、相対的なものであり、また、見直しを進める前提として「行政の能力向上」が不可欠である。関係者に「お願い」を繰り返して事業の見直しをしようとすることは避けたい。

さらに、最近は、シーリングを限定化、又は、撤廃して、政策そのものを評価しようとする動きが神戸市などでみられる。東京都では、施策の見直しによる事業費の削減を行った場合は、削減額の２倍まで要求できる（東京都27）。

横浜市の予算見積要領（27）から該当分を抜粋する。

◆ 事業の見直し（抜粋）

1【事業の集約化・整理統合】
　「事業目的や対象者等が類似するもの」、「国・県と類似するもの」は、整理統合を行うこと。また、区局内のみならず、区局を越えて所管部署の一元化を進めること。

2【社会情勢の変化、目的の達成】
　社会情勢の変化等により必要性が低下したもの、新しい施策に基づき別の（代替）事業ができているもの、利用実績が低調に推移するもの、当初の目的や存在意義が薄れたものは、事業廃止を前提に見直すこと。また、廃止・縮小に向けたスケジュールを確認すること。

4【手法の変更・見直し、主体・執行体制の見直し】
　各事業の手法や広報・普及啓発方法は、従来の形式にとらわれることなく、質・量の面から最適な手法を選択し、効率化・簡素化すること。また、新たな手法への転換を検討し、公益上必要性が高いとはいえない事業は、主体や執行体制を見直すこと。

5【仕様等の見直し】
　過去の実績や費用対効果を踏まえ、特に単価や数量を見直すなど、必要最低限の仕様とすること。委託の仕様についても内容を十分に精査し必要最低限の仕様にすること。

8【国・県・他都市基準との比較】
　市独自の給付、補助水準の上乗せや対象者の拡大等を実施しているものは、その必要性や妥当性を検討し、引下げ等の見直しを行うこと。また、市民一人当たりの事業費が他都市等に比べて高いものは、引下げ等の見直しを行うこと。

11【補助金等の見直し】
　「負担金・補助金・交付金の見直しに関する指針（平成21年9月11日制定）」に基づき負担金等を精査すること。特に、任意的補助金の新設にあっては、可能な限り3年程度の終期設定を行い、長期化・常態化しているものは当初の目的・効果が薄れていないか検証し、廃

止又は縮小すること。補助率は原則として1/2以内とすること。また、負担金は、算出根拠や積算内容を明らかにし、本市の利益と負担とのバランスや必要性等を検討し、廃止や休止等の見直しを行うこと。また、補助金（19節）として支出していなくても、補助、支援等を目的とした奨励金や謝金などについても同様に見直しを行うこと。

12【外郭団体等に対する財政支援の見直し】

　新たな経営に関する方針の策定にあわせて団体への財政支援を必要最小限に見直し、団体との協議を進め、更なる保有資産の活用に取り組むこと。また、本市が損失補償を行っている団体の借入金等の借入条件や、市からの公有財産の貸付に係る減免等について再度点検し、必要な見直しを行うこと。

◆事務の効率化・集約化・整理統合

　各課・事業に共通する内部事務や事務費等は、集約化を検討し、事務の効率化と経費削減を図ること。集約化に取り組んでいる事業は、効果を検証したうえで、更なる効率化、経費節減に繋がるよう改善に取り組むこと。

◆ 民営化・委託化

　最適な主体（直営・民営）を選択するため、十分な検証をすること。また、市内経済の活性化や雇用機会の拡大等に向けて、業務の外部委託（包括的委託を含む）、ＰＦＩの導入の検討など、可能なものから順次実施すること。

◆ 使用料等の見直し

　公平性の観点から、今後の人口構造の変化を考慮し、事業の本来目的やサービス受益者の状況を十分に踏まえた上で、一部負担を求めること。また、市民利用施設については、運営コストの削減や利用者増の工夫を図るとともに、適正な負担割合に基づく料金設定を行うこと。

次に、島根県の当初予算要求指針（27）から該当分を抜粋する。

1　総括的事項
【必要性と費用対効果】
　⑴社会経済情勢の変化等にもかかわらず、漫然として従来のまま継続していないか。また、所期の事業目的は既に達成していないか。
　⑵　必要性や効果の乏しい事業は廃止した上で、事業の整理統合や集約化を図り、より事業効果を上げることができないか。
　⑶　成果重視の観点から、投入した予算、人員、時間等から得られた効果の検証が十分なされているか。
【役割分担と費用負担】
　⑷　県、市町村、民間の役割分担を踏まえると、県事業の必要性は希薄ではないか。また、県の公金支出の妥当性はあるか。
　⑸　市町村事業等との重複があり、事業の対象範囲、方法等について整理すべきことはないか。
　⑹　市町村の自主性・自立性を高める観点から、権限移譲を進めることが適当ではないか。
　⑺　特定の個人、団体等への過剰サービスの色合いが強くないか。また、そのことによって、民間の活力がかえって阻害されていることはないか。
　⑻　受益者や地元が応分の負担をすべきではないか。
【手法と県民参画】
　⑼　コスト縮減や県民サービス向上の観点から、本庁・地方機関間で実施主体について見直すべきものはないか。
　⑽　地域や県民の声を聞いて事業が考えられているか。また、事業への県民の参画が得やすくなっているか。
　⑾　県産品や県内企業の開発製品等の優先的利用や調達を推進する手法が導入できないか。

京都府の平成27年度予算編成方針は、行財政改革という守りではなく、攻めの姿勢も重要としている。その一部をみてみると、

○財政見通しに留意しながらも、「削減一辺倒」の行財政改革ではなく我が国の成長戦略とも歩調を合わせながら、必要な行政サービスの維持・拡充や公共投資を行い、府民満足の向上を図りつつ、持続可能な財政構造を確立していくために、以下のような取組を進める。

◆「事業の根雪化（前例踏襲的な継続事業）」防止

「事業の根雪化」防止を基本に、原則として事業創設後3年を経過した事業はスクラップ＆ビルドにより再構築を推進するとともに、「一所属一改善運動」を展開し、限りある経営資源をより付加価値の高い府民サービスに振り向ける。

◆事業の高付加価値化

府民との双方向の情報交流や、インターネットを活用した戦略的な広報に努めるとともに、統計データ等を十分に分析し、問題点を突き詰めることで、より効果的・効率的な施策の立案を図るなど事業の高付加価値化を進める。

◆クイックレスポンスとペーパーレス化

モバイル端末をはじめICTを積極的に活用し、府民ニーズに的確かつ迅速に対応するとともに、業務の効率化にもつながる会議資料等のペーパーレス化を進める。

◆成長戦略を視点とした事業の推進

税源涵養を進める観点から、京都版エコノミック・ガーデニングによる中小企業の育成、国家戦略特区の展開による企業活動の活性化や、文化の力を活かした産業・地域振興、道路・交通網の整備を進める。

◆府民利用施設や外郭団体等の適切な運営

本年度の「府民利用施設のあり方検証結果報告」や経営評価の内容も踏まえ、府民サービスのさらなる向上を図るとともに、中期的な目標・計画等を掲げるなど、より適切な運営に努める。

予算要求にあわせて、事業担当課は、事業仕分け・評価調書を作成して、行政評価と予算の連動を図っている。次は、京都府の平成27年度予算の要求時の資料（図表6－16）である。

図表6－16　事業仕分け・評価調書

事業名	丹後・食の王国構想セカンドステージ推進費	作成責任者	産業労働総務課長　古川　博規　農村振興課長　相馬　利次

中期計画での位置づけ	基本方向	京都力の発揮　産業革新・中小企業育成
	使　命	農林水産業を基軸として産業を活性化させること
	基本目標	6次産業化等が進み、農林水産業の新たな価値が創出されること

ベンチマークレポート課題	流通・販売戦略の強化等による農林水産物の新規需要の創出
アクションプラン	－

事業概要 [創設：平成22年度]	「丹後・食の王国構想」の実現に向け、丹後の「食」のブランド化・高付加価値化を推進

総コスト		予算計上額	予算要求額	前年度予算額
	事業費	千円	8,500 千円	13,800 千円
	人　数	人	1.00 人	1.00 人
	概算人件費	千円	6,755 千円	7,070 千円

後年度負担	次年度予算要求見込額	事業終了までの総コスト	事業終了予定年度
	8,500 千円	－ 千円	終了未定
うち一般財源	8,500 千円	－ 千円	

必要性・事業主体・手法の検証

ニーズの把握	平成22年度に立ち上げた「丹後・食の王国構想プロジェクト推進協議会」において、地域内の意欲ある事業者を中心に、丹後地域の資源である豊かな「食」を活かした地域活性化と産業創出を進めていく必要があるとの声が多く挙げられている。
受益者	地域の住民、生産者、企業
ニーズを踏まえた課題認識・既存事業との関連性	丹後地域は、豊かな食材に恵まれた地域であるものの、その豊かな食材が地域を活性化させる「資源」として十分活用されていない状況にあり、その「資源」を、地域に利益として還元することが必要。
事業主体と事業手法	事業主体：京都府、地元経済・農業団体、民間企業等 事業手法：・民間団体への補助金交付 ・京都府の直接実施 ・(財)丹後あじわいの郷及び民間企業等への委託
選定理由	本プロジェクトは、地域の住民・生産者・企業等と行政との連携・協働の取組みによって推進していくことが重要であるため。
検証意見（行政経営改革課　計画推進課）	府政重要課題としてアクションプランで検討された事項であり、有識者によりニーズが検証されている。また、ベンチマークレポートに基づく、府政の重要課題として対応が必要と考えられる。民間企業・団体等との連携・協働が図られており、府の関与は妥当であるが、適切な指標を設定して取り組むことが必要。　☐NPO含む民間　☐市町村　☐国　☐府　☐市町村協働　■NPO・民間協働　☐アウトソーシング　☐外部知見活用

効果・妥当性等の検証

関連アウトカム指標（上位の施策目標）	指標：業界・業種を越えたコラボレーションによる新ビジネスの数			目標値
	最新データを含む過去3回分の全国統計データ			
	30（平成23年度末）全国第一位	42（平成24年度末）全国第一位	52（平成25年度末）全国第一位	増加　全国第一位
事業目標（事業が目指す直接的な効果）	事業目標：食品関連企業の立地件数			目標値
	最新データを含む過去3カ年分の事業実績データ			
	35（平成23年度末）	35（平成24年度末）	37（平成25年度末）	増加
受益者一人あたりコスト	受益者数：104,000 人・社		一人あたりコスト	147 円
参考とした先行事例				

担当課の自己検証を踏まえた予算要求の方向	☐廃止・休止　☐組み替え ☐見直し　■継続	継続して実施
予算反映等（財政課）	☐廃止・休止　☐組み替え ☐見直し　☐継続	

出所：京都府ホームページ

項目をみると、
・「ニーズの把握」
・「ニーズを踏まえた課題認識・既存事業との関連性」
・「事業主体と事業手法」
・「検証意見」（行政経営改革課等）
　また、指標については、
・「関連アウトカム指標」
・「事業目標」
・「受益者一人あたりコスト」
以上それぞれについて、コンパクトに記載されており、参考となる事例である。

　事業の見直しについては、常に、問題意識を持って、業務にあたっていれば、ある事柄と別の事柄がつながり、見直しの方向性や手法が浮上することがある。
　図表6-17は、ある市の見直し項目の抜粋である。駐車場や弔電、職員表彰などは、庶務関係の職員にとっては、極めて身近な業務であろう。これまでのやり方を漫然と踏襲するのではなく、それは本当に必要なことなのか、新たに収入をあげる方法はないのか、など疑問を繰り返すことができれば、必ずや見直すべき項目は見つかるはずである。

図表6-17　事業の見直し項目（例）

事業名	見直し内容
駐車場の土日開放廃止	土日開放を廃止し、イベントスペースとして活用するとともに利用料金徴収　想定賃料（公園使用料並び）　60円（1日）×2,000m^2×10回＝1,200千円　管理費の減　4,400千円
弔電、弔花の見直し	100歳以上死亡者廃止 60千円
職員表彰の見直し	交通カード贈呈の廃止　3,000千円

図表6-18 見直し振替要求書

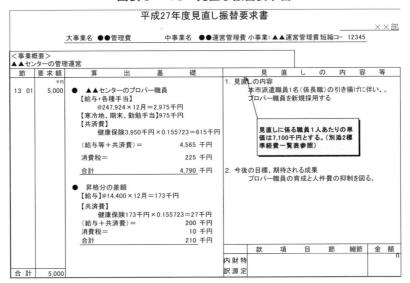

　通常、職員数を削減して、代わりに民間委託を行う場合は、当該事業費が増額となって、予算要求枠に収まらないということが起きる。札幌市では、職員定数の見直しにより増加する委託料等の経費については、図表6-18の「見直し振替要求書」により要求することを認めている。
　このように、人件費を見直しすることによって、財源振替の効果を認めて、他の事業項目を増額できるような仕組みは、財政構造の硬直化防止の観点からも効果がある。

(2) 攻めの見直し

　これまで述べてきたのは、こういう事柄は不必要、という言わばネガティブリストのようなものである。見直しは、前例にとらわれない見識と勇気によって、組織として周到に準備をしていけば、ある程度は実現すると考えられるが、この一方、新規にやらなければならないことも増えてくる。例えば、京都府では、「事業の高付加価値化」「成

長戦略を視点とした事業の推進」といって積極的な経営姿勢を明らかにしている。もちろん、他の自治体も編成方針の中には政策を重点化するような項目を載せているが、伸ばすことと、見直すことが、別個に行われていては、総合的な経営戦略が展開できない。

これまでは民間の分野であったが、少子高齢化の中で行政ニーズの性格を濃くするような新しい局面に、逡巡している職員をエンカレッジするような、見直し方針を示すことが必要となってきているのではないか。

我が国では前政権のときに「コンクリートから人へ」というスローガンがあったが、多くの事業目的がハードではなく、安心やコミュニティ、マインドを豊かにしようとしているのに、その評価のモノサシが金額だけでよいはずがない。容易ではないが、効用、または人の思いといったなかなか定量化できない、定性的なものを捉える努力をしていきたい。

札幌市では、事務事業見直しインセンティブ制度がある。以下は、その説明である。

　札幌市においては、事務事業の見直しなど、これまでも予算の節減に努めてきたが、予算の効率化・合理化を進めるためには、予算編成のみならず、日常の事務事業の執行においても迅速に（スピード化）、創意工夫を活かした経費節減努力を行い（スリム化）、それを市民サービスの向上（サービスアップ）へとつなげる必要がある。ついては、職員の改善意欲のインセンティブとなるように、予算上のメリットを付与する「事務事業見直しインセンティブ制度」を実施する。

　なお、インセンティブ制度導入開始から一定の期間が経過しており、制度の効果を検証するため、平成28年度予算編成に向けて制度の在り方について見直し・検討を行う。

1　制度の概要

(1) 予算執行段階において、新たな事務執行上の創意工夫や特定財源の確保などにより見直すことのできる一般財源額からメリット額を算出し、それを担当局の局マネジメント枠とは別に要求することを認める。

(2) 収入未済額が多額となっている歳入のうち具体的な収納対策を講じるものについて、当該歳入の決算見込額に対し、収納率向上に向けた実効性のある取組を実施することにより新たに見込まれる増収額を限度に、収納対策にかかる経費を局のマネジメント経費とは別に要求することを認める。

2 具体的内容

 1 -(1)について

  ア 対象経費

   原則として全ての経費（新規事業・既存事業両方に充当可）

  イ 対象額

   (ア) 執行上の工夫等による歳出の節減

   (イ) 執行上の工夫等による特定財源の確保

などより生ずる一般財源上の効果額とする。留意点は次のとおり。

・4月から8月までの実績及び9月から翌年3月までの取組による見込み額を対象とする。

・歳出：単なる契約差金や事業自体の廃止・縮小による不用額などは含まない。

・歳入：使用料・手数料等の単なる数量増や、特段の努力や工夫がなくても確保できた国・道などの補助金等は含まない。

  ウ メリット額の算出方法

 見直し及び特定財源の確保により生じる削減額（一般財源ベース）から「メリット額」を次のように算出し、任意の事業に充当可能な枠外一般財源として、局マネジメント枠とは別に　要求を認める。期間は翌年度から起算し3年間の予算編成で、分割して要求することも可能とする。

（なお、当該年度の見直し分予算については、財政部において当該年度に限り追加保留する。）
　　　　（ア）新たな歳入の増や歳出の節減で効果が持続するものや、市民の力を活用する（市民が主体的に参画する）ことにより歳出の節減が図られるもの…上限は見直し効果額の1.5倍
　　　　（イ）新たに歳入の増や歳出の節減が見られる事例で効果が単年度限りのもの…上限は見直し効果額まで
　　エ 具体例
・制度イメージは別添1のとおり（略）
・過去の適用事例は別添2のとおり（略）
1-(2) について
　　ア 対象歳入
　　　収入未済額が多額となっている一般会計の市税、負担金、使用料、手数料及び諸収入並びに母子寡婦福祉資金貸付金
　　イ 対象とする取組
　　　収入未済の解消に寄与する具体的な対策
　　ウ メリットの具体的内容
　見直し等による効果額の今後5年間の見込の累計額を上限にメリット額とし、その範囲内で増収の前提となっている新たな取組に係る経費の財源として、局配分一般財源とは別に配分する。
　配分枠の設定に際しては、取組に係る経費の内容を精査のうえ、5年までの分割を認める。取組の効果については費用対効果及び実効性の観点から毎年度検証を行い、次年度以降の取組継続の可否について検討する。
　なお、局マネジメント枠内歳入については、通常の場合増収分を配分一般財源に含めているところであるが、インセンティブ制度を活用する場合、平成26年度歳入予算額を上回る増収分については配分枠の積算対象に含めないので留意すること。

エ 具体例
　過去の適用事例は別添のとおり（略）
オ 提出調書類について
（ア）予算執行上の工夫等により歳出の節減や特定財源の確保を図るもの
　メリット額の範囲で「事務事業見直しインセンティブ調書」（様式16）（※筆者注、図表6－19参照）を作成し提出すること。
（イ）多額の収入未済を抱える一般会計の市税、負担金、使用料、手数料、諸収入及び母子寡婦福祉資金貸付金会計の歳入について具体的な対策を講じるもの「収納率向上インセンティブ調書」（様式17）及び取組に関する予算要求事業調書（様式7）を作成し、提出すること。

図表6－19　事務事業見直しインセンティブ調書

平成27年度　事務事業見直しインセンティブ調書

◎26年度見直し対象事業概要

事業名称	○○○○○○事業費（○○活動セミナー）
事業内容	○○活動セミナー：○○活動に関心のある市民を対象に、○○活動の基礎知識から専門知識まで、○○等の技術指導など、○○活動の初級レベルからボランティア指導員養成レベルまで幅広い講座を実施。
見直し内容	26年度より、事業内容を見直し、○○活動セミナーを開始したことに伴い、受講料を設定。受講料は回によって異なるが、平均1,000円で、参加者定員は各回30名。

	26年度	見直し額	節・細節	見直し額
事業費	8,000	278		278
特定財源	国・道			
	市債			
	その他			
一般財源	8,000	278	計	278

〈26年度見直し額の積算の考え方（単価の算出根拠も記載）〉
26年9月末時点での実績・・・9回分　250千円
10月以降見込み・・・2回分　28千円（2,000円（受講料単価）×14人（1回～10回の参加者の平均））

〈後年次への影響〉
27年度以降は毎年○○○千円の歳入を見込む。

款項目		担当		内線（　　）
		短縮コード		

◎27年度メリット充当事業

事業名称	○○○○○○事業費（○○活動セミナー）
事業内容	○○活動セミナー：○○活動に関心のある市民を対象に、○○活動の基礎知識から専門知識まで、○○等の技術指導など、初級レベルからボランティア指導員養成レベルまで幅広い講座を実施。昨年度のプログラム内容をより充実させるため、専門分野への依頼、講義回数の増加、○○の体験活動の際、受講者の指導と安全確保に必要な講師・スタッフを配置する。
事業の必要性（背景・今までの取組）	これまで、○○活動セミナーをはじめ、○○活動指導員研修等を実施しし、青少年の○○活動等に対する指導や支援ができるよう事業を実施してきたが、さらに家族や地域単位で○○活動を普及させるために、○○活動について学んだり、学生や会社員等が○○活動を身近で体験できる場を提供することが必要。また、社会教育団体その他の関係団体及び関係機関との連携に十分配慮しながら、学校教育と社会教育が共に○○活動を促進していくことが求められているため、市が実施することが適当と考えている。
実施形態	直営
法令・条例等	○○○○法（第○○条第○項）
市民ニーズとその把握方法	都市化や少子高齢化の進展、余暇時間の増加などにより、近年、生活スタイルが大きく変化している中で、○○とのふれあい、○○から学ぶという○○活動に対する市民ニーズが高まっていることが、○○活動セミナー等の参加者アンケートより把握できる。
他都市の状況	○○市、○○市で同様の事業を実施。

	要求額	27年度	28年度	29年度
事業費	278	278		
特定財源	国・道			
	市債			
	その他			
一般財源	278	278		
メリット額	278			

節・細節	金額（27年度）
08-00	100
14-00	100
11-51	78
計	278

〈事業費の積算の考え方（単価の算出根拠も記載）〉
・講師謝礼（08報償費）：10,000円×5人＝50千円
　　　　　　　　　　　　5,000円×10人＝50千円
・バス賃借料（14-01その他使用料・賃借料）：50,000円×2台＝100千円
・その他セミナーに関する物品等（11-51その他需要費）78千円

	大中小		担当		内線（　　）
			短縮コード		

　図表6－19については、セミナーを新たに開始したことに伴い、受講料を設定して、収入を増やしたことから、それを財源として、講座の充実を図るものである。

　どの自治体においても、社会教育や市民活動のためのセンターなどで、直営又は指定管理者などにおいて、講座が開催されているだろう。受講料については、無料か実費のみ、有料でも500円や1,000円と低額であることが少なくない。同種の民間のカルチャー教室とのバッティングなども指摘されることもあり、都市部などでは、講座の内容や負担のあり方については、見直しをする余地が大きいのではないか。

継続をするとすれば、少なくとも適正な料金負担を求めることが必要であろう。行政が一般財源をどこまで投入して行うべきかについては、厳しい見方が強くなってきており、特に、必要性が限定的となる教養などの講座の実施については、財源面からの検証が欠かせない。

5 要求の課題

（1）レベルアップの要求

　それぞれの業務で何らかの課題があり、現行の事業水準では不十分と考えられることは少なくない。そこで、対象者の範囲を広げる、サービスのメニューを増やす、体制を充実する、補助率を上げる、箇所数を増やす、など、事業の充実（レベルアップ）を要求する場合を考えてみよう。

　まず、法改正の対応などを除いて、レベルアップの「必然性」を、査定側に説明して、納得させるのは、それほど簡単ではない。財政当局のスタンスは、行政の課題は、数限りなくあり、現行よりも力を入れた方がよいものも数多くあるが、財源は限られている。簡単にできる訳ではない、ということになる。

　そこで、ベースとなる必要性に加えて次のような補強できる材料をできるだけ盛り込みながら、説得力ある予算要求を考えていきたい。
・事前に総合計画に盛り込んでおく
・議会の中で必要性についての質疑があり、要望が出されている
・住民や関係団体の実現要望が強い
・現行事業をより効果的に展開するためにも、対象の拡大やサービス水準の向上は必要
・少ない事業費の追加で大きな効果が得られる、すなわち費用対効果が大きい

　財政状況が厳しい中、義務的ではない予算の増額は、なかなか認められないのが実態である。しかし、上記のような理由や背景をていね

いかつ情熱を持って説明することによって、道が開けることも少なくないので、挑戦してほしい。

なお、予算の総額を変えずに既存の内容を一部見直して、対象などを広げることが可能であれば、優先させるべき選択肢の一つとなるだろう。

(2) 困難な事案の要求

既定の計画にもなく、その理解が広がっていないような事案について、諸事情から予算要求をせよ、という場合がある。いわゆる"すじ"がそんなによい事業ではない、ということだ。

シーリングなどの制約からそもそも要求が難しい場合を除いて、どのように訴えていくことがよいのか、次の二つの方向があるだろう。

一つ目は、その事業を予算化することが、○○の理由によって、是非必要であることについて組織をあげて粘り強く交渉すること。主要政策の推進に寄与するようなことが主張できれば、必ず行うこと。優先順位というのは、絶対的というものはなく、事業を推進しようとする熱意なども、考慮されることがある。

もう一つは、それによって、大きな財政負担にならず、逆に、実施しない場合は政治的なリスクがあり、○○から強い要望があること、行政運営がよりスムーズになることなどを説明することだ。

なお、予算編成前から当面の対策として必要な事業であることを、様々なルートを通じて訴えることも有効である。

原課としては、このような事態になる前に、関係団体の動向、議会の審議など関係する情報を把握して、可能であれば小規模な形で試行してみるなど、先行的に手が打てるような体制づくりが必要と考えられる。

(3) 要求作業の課題

① 経験不足

　ある事業の予算を要求する作業を行うことになったが、そもそもその事業は未経験であったり、予算要求事務が初めてということがあるだろう。予算要求の時期に入ると、突発的な指示も増えてくる。最終的には、組織で成案をまとめるが、担当者の段階でしっかりとした要求書作成が求められる。

　まず、自分の知識や能力、時間を冷静に見極めることだ。そして、自分だけで抱え込むのではなく、先輩、同僚などの力を借りる姿勢が大切であり、いわば、"巻き込み力"といったものが求められる。この場合、普段からの仕事のスタンスで、その協力度合いも変わってくるだろう。

　基本的な段取りは、最初は、前年度の関係資料を確認することであり、自分で理解をすることだ。これは、できるだけ早めにした方がよい。次に、予算要求の作業を行うことになるが、何のための資料かという目的を意識して、単なる積算や記載に終わらないことだ。また、事業の目標や組織のスタンスを念頭に置くことができれば、次の段階で作成する資料の準備を先行して行うことができるなど、応用を効かせた対応ができる。作業はできるだけ早めに終えて、上司の指示や同僚のアドバイスをもらおう。ミスはどうしても起こるだろう。しかし、同じミスは繰り返さないことだ。さらに、様々なことを想定して、情報収集の努力を惜しんではならない。

② 上司の指示と資料作成

　予算要求においては、上司のあいまいな指示によって、作業が手戻りになるなど、時間を要し、期限に間に合わないことがあってはならない。

　これを未然に防止するためには、担当者は、原案を早めに上司に示して、その意向を繰り返し確認し、必要な修正を早めにしよう。修正

指示が小出しになる場合は、提示する側も「今回で成案としたい」というようなデッドラインを設定することも有効だ。さらに、財政当局の意向も事前に確認して、この上に立った予算要求、資料作成であることを説明して、上司を安心させることもポイントの一つになるだろう。

　予算要求では、多くの資料が必要となる場合が多いが、自治体や上司によって、資料作成の頻度やリクエストは大きく異なる。

　資料は、効果的に利用されるものがある一方、あれば使うが、なくても口頭で説明できるようなものが少なくない。資料は最終的に誰がどのように使うかによって、その必要性も変わってくる。例えば、上司がその上の上司に説明するものであれば、担当者が直接説明することができれば、このための新たな資料は不用になる。

　また、これも首長の意向にもよるが、説明資料は、その説明時間なども考慮しながら、可能な範囲で分かりやすく簡潔にしたい。あまり細かい資料は説明が長くなるとととともに、かえって、理解を阻害することにもなる。

注

1　http://db.pref.tottori.jp/yosan/27Yosan_Koukai.nsf/1dbd8b5aebcfa556492574810035a6f7/b914039709edd4ce49257ddf00134414?OpenDocument

第7章

要求を実現する組織

1　信頼関係を確保する

　新規事業の予算は認められたものの、執行の段階になって、実際に対象者や応募者が予定の人数に足りない、といった事態が起きることがある。要求時点における見通しと実際に顕在化した住民のニーズや要望に乖離があったということになる。見通し自体は、間違っていないのだが、住民が実際に行動に移すかどうかはもうワンクッション必要となる場合が多い。それは、可能な範囲で当事者をはじめ関係者などに、このような構想や事業の企画がある、又は、対象となる団体などに、情報提供や働きかけをしておくことも有効だ。

　ここで注意をしなければならないことは、新規事業の立案段階において、実際に予算化できるかは、未定であるので、このような不確実性を含めて理解されていることが前提となる。

　関係団体などと良きパートナーシップができていれば、政策を実現するサイクルの中での予算要求の段階においても、良好なコミュニケーションと、相互の信頼関係が確保できるだろう。

2 合理的判断の落とし穴

　予算要求に係る職員は、予算見積要領などに従って、事業の必要性や緊急性などを踏まえて、必要な経費を積み上げ、見積もり書を作成していく。このような姿勢は、当然大切なのだが、組織全体としてみると、必ずしも、合理的な決定ではなく、近視眼的な判断が行われることがある。これは、何もその組織が特別なのではなく、次のような限界と組織に内在する防御本能が影響している、と考えられる。

- 限られた能力
- 限られた知識
- 限られた認知力
- 限られた情報
- 代替案がすべて把握できない
- 結果の予測の不確実性

　組織は、長期的戦略を展開するよりは、短期的フィードバックによって不確実性に対処し、また、環境を管理して不確実性を可能な限り減少させようとする傾向がある。論理的な思考だけの組織であるほど、そのときの短期の顕在化した課題を最優先して、これから大切になるかもしれない（不確実な）課題などについては、後回しになる。この方が、目に見える成果はあがるし、説明責任も果たすことができるからだ。

　民間企業の優秀な経営者でも、自分が理性以外の要素で判断していると思ってもみないで、時に経営判断を誤ることがある。

　自治体の職員も一種の官僚の側面を有し、その行動原理が垣間見えることがある。予算要求では、前年度予算を基礎とするのが、通例で

ある。予算はその時点において一番の合理的な選択をした結果であり、その歴代の予算を前提にしているのが、前年度予算ということであり、これをベースにすることは極めて合理的なことになる。

　大きな組織であるほど失敗したときに失うものが大きいので変化を嫌う。論理的思考に優れた人の問題点は、現状維持を続けることを正当化する理由や理屈を見つけることができる[1]。

　これを打破するのは、まず、首長のリーダーシップであるが、それぞれの組織のリーダー、さらには、実際に予算要求をする職員が、組織の中で、このようなパラドックス的な課題が潜むことを自戒して、多角的に物事を議論して、職務に取り組むことが大切となる。

3 組織の力をアップ

(1) 職員のスキルアップ

　仕事は組織で進めていくものであるが、その構成員の力が、組織力のベースになるのも事実だ。

　最近は、「プロボノ」[2]という考え方が出てきた。これは、「社会的・公共的な目的のために、自らの職業を通じて培ったスキルや知識を提供するボランティア活動」を意味する。自治体の職員も自らプロボノになったり、他のプロボノと協働を通じて、新しいネットワークを形成することがあってもいい。

　自治体職員は、地域に常に関心を持つとともに、情報のアンテナを伸ばして、民間企業の経営や新商品の開発など、直接行政に関係のないような企業活動の話題でも、行政に応用できないか、常に考えることが求められる。

　また、これからの時代は、国内だけではなく、国外の例も参考となる。世界の情報の7割は英語による、と言われる。語学はできるだけ学んでおきたい。特に、多文化共生の推進が自治体の政策の基底部分に位置づけられるようになると、様々な分野において外国人との関わりが出てくるはずである。

　足元で何が起きているのか、自分の肌で感じよう。最近は、職員の出張の機会もめっきり減少し、先進地の事情を直に学ぶ時間もとれないようだ。目的がはっきりしないような無駄な出張は厳禁だが、百聞は一見にしかず、自分の目と耳で実感したものこそ、自分にとっての真実であり、他に説明する場合でも説得力が断然違う。可能な限り、

自治体の内外の現実を直接目で確かめて欲しい。人材が一番の資源であり、そのための、所要の予算は確保したい。

（2）外部の資源を活用

　もう何年も継続している事業であれば、職員の誰が担当しても、そんなに大きな失敗はないだろう。それは、ノウハウの蓄積や市民の理解というものがあるからである。しかし、初めての大きなプロジェクトだったらそうはいかない。

　時代の複雑性、スピード、専門性の深化が進む。このような環境のもと、職員は、もはや1、2年程度の経験だけでは、クオリティの高い職務をすることは容易ではない。専門性の観点からは、一つの分野を継続して掘り下げ、技術などを磨いている民間企業に一日のアドバンテージがあることが多い。

　例えば、都心の再開発の大型プロジェクトや大型○○センターを建設するような場合に、どのくらい専門知識を持った職員が担当するかによってその方向性や成果が影響を受けるであろう。さらに、PFIなどの方式を導入して、整備するのであれば、ノウハウがなければ、難しい。新規の大きな事業などについては、民間の知恵やノウハウ、資金の導入など考えていかなければならない。

　よって、自治体が現在持つ資源を最大限活用するとともに、民間の力も活用することによって、最大のパフォーマンスを実現させていくことが大切である。

注
1　ルディー和子　2014『合理的なのに愚かな戦略』日本実業出版社
2　杉岡秀紀「「プロボノ」と協働する自治体職員」『ガバナンス』2015年7月号

第8章

政府の予算編成

1 はじめに

　基本的に本書は自治体の予算要求～編成に主眼をおいたもので、政府における予算編成は部外の話である。他方で、自治体の予算は政府の予算編成の影響を大きく受けており、また本書を手に取った自治体の予算に係わる読者には政府の予算要求にも一定の関心があるものと推察される。
　そこで、本項では政府における予算編成における現状と課題について筆者の感じたところを整理してみたい。

2 予算査定の本質

　現実の実務レベルにおける予算編成の最大の関門は財務省主計局による予算査定である（これは自治体における財政当局の査定と同じ）。各府省の局から提出され、府省の会計課で取りまとめられた予算要求書はまず部局の幹部から主計官に説明した後、主査（課長補佐級）とそれをサポートする係長等の職員によって査定される。この主査の権限は非常に大きく、主査が予算要求内容を納得し、かつ主計局次長に上げなければその段階で予算にはならない。

　筆者は主査レベルからの査定を受けた経験しかないが、各省・部局から提出されるいわゆる「三段表」と呼ばれる概算要求書と概算要求説明資料（要求事項別に作成されたA4用紙数枚に作成される概要資料）に対して「縦横斜め」どこからみても筋が通るように大枠の話から細かい積算の積み上げ内容、継続事項に関しては歳出実績まで細かくチェックが入れられることになるという。

　とはいえこのチェック作業であるところの査定のアプローチは主査のパーソナリティに大きく依存するとされ、「主査のひととなり」をまず把握し、それに対応した資料をいかに用意し、説明を尽くしていくのか、ということが査定される側の重要ミッションということになる。最終的には主査が主計官・主計局次長に要求部局が提出する予算を説明し、結果としてそれが容認される（これを現場では予算を担いでくれる、と表現することもある）ことで、予算案に載ることになる。だからこそ、主査が納得し、要求側に成り代わって説明しやすい形に説明をし、資料を整えていくことが要求側の重要にミッションになってくるわけである。

他方で、自治体の予算査定では査定者のアプローチは没個性的であり、基本的にどのような主査が行っても大きな違いはないとも聞く。そういう意味では自治体と政府の予算査定の大きな差異はここにもみられるのかもしれない。

　閑話休題、筆者が何度か経験した政府（財務省主計局）の予算査定では、非常に紳士的に対応してもらった。主査からの質問は的確で、細かい部分までよくチェックしていると要求サイドからみても感心するほどであり、その場では回答できず、持ち帰って改めて説明資料を作成し改めて出直す流れが何度か繰り返されることもあった。

　これら一連の作業は無駄の排除や要求事項自体の中身の深化という意味でもちろん意味がある。他方で、政府の予算はまさに森羅万象多岐にわたり、鉛筆から数十億円を要する庁舎、一隻500億円を超える潜水艦までが対象となる。これらが同じ手順で査定を受ける必要があるかどうかに関してはやや疑問が残る（もちろん予算の性質によって査定の内容・労力は大きく異なるのは大前提だが）。

　筆者の感覚（経験）では主計局の査定は大胆に予算を削ることが目的ではなく、一定の水準の枠に納めていくというのが本質だと思っている。前年比若干減額の一定の枠の中に納め、しかもその前年比率は特殊要因（天災や経済情勢、政権の強い関心事項等）がない限りにおいて各部局毎に概ね近しい数値に落ち着くケースがほとんどである。

　であればこそ数万〜数十万円程度の予算を削るために、要求担当部局・主計局共に膨大な作業をこなす必要があるのか疑問が残る。公務員の人件費は時給換算で概ね5000円程度[1]であるが、全府省で予算編成に投入されるコストが予算査定によって得られる予算削減効果を上回れるのかは一考の余地があるだろう。

3 実は大変な要求部局内の対応

　実務レベルでの関門は2で記したように財務省主計局の査定である。しかしそこに至るまでに要求部局内での企画・調整等の予算対応もまたそれに勝るとも劣らない労力を要する。

　要求部局では5月頃から各省庁の課レベルで予算の企画がはじまり、6月頃から局の筆頭課で取り纏めが行われる（真渕　2009年）。この過程では企画内容（要求事項）を概算要求説明資料に落とし込み、さらに課内での検討、筆頭課との折衝の中で練り上げられていくことになる。

　財務省主計局との折衝は局幹部による主計官への説明の後、担当主査への局筆頭課長の説明から実質的にスタートする（以降の折衝は概ね要求課の課長補佐レベル以上の職位を有する職員に委ねられる）。この際、筆頭課長は局予算全体の説明役を担うことになるため、その前段となる局内での要求事項の精査は主計局での査定とはまた異なる意味で厳しいものとなる。

　局の筆頭課長は局の予算を確保する責務を帯びている訳で、主計局の「落とすための査定」とは異なり、いかに通すことができる予算案に仕上げていくか、完成度を高めていくことを求め、それに足らないものは局内で排除されることになる。

　これらの作業は9月はじめくらいまで断続的に続けられ、予算要求の担当者としては財務省にたどり着く前に相当の「トレーニング」を積むことになる。そして本番の財務省主計局の査定が始まり12月末の財務省原案が固まるまでの間の足かけ半年間を気が抜けない状態で過ごすことになるのである。

4 実務系部門と企画系部門とシーリング

　既述の通り、政府の通常予算は毎年シーリングがかけられており、概ね全ての府省・部局においてその影響を受ける。その一方で、シーリングで削減された予算（の一部）を原資に新規の予算要求が行われることになる。ここで問題になるのは、政府内において企画立案部門と定められた業務を定常的に行う実務系部門への影響の違いである。

　企画立案部門に関しては基本的に常に新しい政策ネタ（玉）を模索する組織であり、過去の企画（調査研究、補助金等）をスクラップ（廃止）にしてシーリングの財源とし、一方でそれを原資にして新しい企画ネタを立案し、予算要求をすることでシーリングの影響を最小限にする（もしくは相殺して無効化する）ことができる。また概して当該部門では緊急経済対策等の補正予算を組む際にはその中核を担うことになり、通常予算で削減されても補正予算で新規の企画を通すことで、予算の減額を免れているどころかむしろ大幅に肥大化させるケースもままみられる。

　一方で、実務系部門に関しては基本的に法令に定められた仕事を粛々とこなすことが求められ、予算も極論すれば「人件費と紙と鉛筆（今はパソコン）代」というケースも少なくない。予算査定上、この人件費や庁費は標準予算[2]として事前に整理されており、それ自体の査定はそれ程深く行われることはなく、部局別の人件費等も当然シーリングの対象にはならない（別途、定数査定の対象にはなるが）。

　他方で、実務系部門でわずかに確保している調査費（所管している業界等の実態や諸外国の動向把握等）等はシーリングの対象となるわけだが、削られれば制度の見直しや実態把握に支障が生じかねない。

しかし実務系部門では新規に予算要求をするようなネタに乏しく、シーリングによりカットされた古い予算（企画）を原資にした新規の要求や補正予算の要求にも限界が生じることになってしまう。

　このように予算シーリングが企画系部門では新規要求と補正予算によって無効化される一方で、実務系セクションでは必要な経費まで削られて回復が充分にできないことになりかねないことになり、予算要求そのものの不平等や形骸化の一因となっているように思えてならない。

5 補正予算の肥大化・常態化

　4に関連してもう一つの大きな課題は、補正予算の肥大化と常態化である。図表8-1で整理したようにこの10年でみると予算総額に占める補正予算の割合が1％程度ですんでいる年度もあるが、10％を超えている年度も3年度あり、常時概ね5％程度が補正予算で組まれている状況にある。

　もちろん、平成19～20年に発生した世界金融危機（リーマンショック）や平成23年に発生した東日本大震災への対応のため機動的な財

図表8-1　年度別予算総額一覧

年度	当初予算	補正予算	計	予算総額に占める補正予算比率
平成16年	82,110,924,617	4,767,778,767	86,878,703,384	5.49%
平成17年	82,182,917,678	4,521,909,815	86,704,827,493	5.22%
平成18年	79,686,024,221	3,772,318,805	83,458,343,026	4.52%
平成19年	82,908,807,811	895,383,483	83,804,191,294	1.07%
平成20年	83,061,339,913	5,849,872,803	88,911,212,716	6.58%
平成21年	88,548,001,321	14,010,154,222	102,558,155,543	13.66%
平成22年	92,299,192,619	4,429,200,066	96,728,392,685	4.58%
平成23年	92,411,612,715	15,098,854,141	107,510,466,856	14.04%
平成24年	90,333,931,511	10,202,717,433	100,536,648,944	10.15%
平成25年	92,611,539,328	5,465,428,138	98,076,967,466	5.57%

出所：財務省・財政統計（予算決算等データ）2．予算及び決算の分類（1）主（重）要経費別分類　第19表（2）から筆者が再構成

政出動が求められた部分があり、その中身について論じるのは本項の主旨ではなく、紙幅の関係もあり避けたい。

ただ、予算制度的な問題として捉えると憂慮すべき問題を抱えている。既述の通り、当初予算に関しては例年の予算編成の手順に沿って組み上げられており、その間、局や省内での調整、財務省主計局による査定、そして予算の中身の審議にどの程度時間を割いているか、という問題があるとはいえ2～3ヶ月に渡り審議される国会（予算委員会）での議論を経て成立しており、この間相当程度のチェックにさらされることになる。

一方で、補正予算に関しては短期間に組み上げ、主計局の査定も甘い（少なくとも当初予算と比べれば）といわれ、予算委員会での審議時間も短いなど、チェック機能がルーズになりがちである。特に、景気対策などの目的が付けば「金額ありきで（予算編成）作業が進む[3]」ことになりがちであり、無駄の温床になりかねない。

加えて、当初予算案を積み上げていく際には前年比やプライマリーバランスへの影響を精緻に分析し、枠に収めていくにもかかわらず、補正予算はその枠外で編成されてしまうため、結果的に財政規律の面ではタガが外れてしまう[4]ことになり、本予算の要求の現場でぎりぎりと詰められる現場からすれば、弛緩した世界に映る。特に4で整理した実務系部門では補正予算に絡むことが困難であり、補正予算ありきでシーリングをかけられるのは実務上も非常にゆゆしき状況である。

そもそも、補正予算が肥大化し常態化することは、予算編成における統一性の原則[5]に反する。時々の社会・経済情勢に合わせ機動的に政策を打っていく必要性は認識するものの、これが財政規律を大きく歪める要素となっている状況を踏まえれば、より留意して活用すべきといえるだろう。

6 国会における予算審議 〜予算委員会の実態

　多くの方が、ニュースなどで目にする国会での審議は大半が予算委員会である。一方で、そこで目にする議論の内容は「失言問題」であったり「政治と金の問題」であったりで、予算の中身に関係する議論を目にすることは多くないのではないだろうか。

　そもそも、予算委員会とは衆議院規則92条・参議院規則74条によって規定され、その所管事項は「予算」とのみ定められている。しかしながら、「(予算委員会では)予算の中身はほとんど審議されず、(中略)森羅万象を審議する「よろず委員会」になってしまった。(池田 2010年)」「総花的な審議となり、予算書の具体的な内容について審議されることはあまりない。(神野　2002年)」との指摘も現在のみならず昔からある[6]ところである。

　もちろん、ニュースで取り上げられない（あるいは取り上げられることが少ない）が、予算委員会の場で国家財政のあり方について論じられる場面も少なくなく、また衆議院においては委員会の終盤に分科会が設置され各省予算について精査する場もあるわけだが（ただし通例一日半程度）、充分に深掘りされるとは言いがたく、もちろん予算案の中身が修正されたケースはごく少ない[7]のが現実である。

　例えば大臣などの不祥事の問題は政治倫理審査会、資質の問題は他の常設委員会やいわゆる党首討論が行われる国家基本政策委員会でも充分対応できるはずである。財政が厳しい我が国の予算委員会だからこそ、もっと予算編成方針や予算の中身について議論を深める委員会であってほしいものである。

7 決算軽視の問題

　本項の趣旨とは少し離れるが、もう一つ触れておきたいのは、国会における決算の問題である。自治体では9月頃に開催される決算議会において前年度決算の審議が必ず行われている。

　ところが政府においては、各府省から7月31日までに財務省に決算報告書が送付され、財務大臣が決算を作成、閣議決定を経て11月30日までに会計検査院に送付、会計検査院の検査を終えると、その検査報告を添えて翌年の2～3月の国会に提出される（神野　2002年）。その後、通例であれば、決算委員会で審議され6月頃決算が是認されることになる[8]。

　この標準的なスケジュールでも決算が承認されるまで予算執行年度末から1年以上を要しているわけだが、実際にはさらに多くの時間を要している。例えば、平成21年度決算では、参議院では否認（平成23年12月9日）、衆議院で是認されたのは平成26年6月19日という途方もない期間を要している。

　国会が「決算を否決してみても、既に1年以上前に使用されているため、何の効果もない（神野　2002年）」のは紛れもない事実ではあるが、一方で予算の使われ方、それによって得られた成果を検証し、次年度以降（といっても政府の場合は最速でも翌々年度予算だが）に反映してこそ決算の意義があるのではないだろうか。

　他方で、政府の場合は会計検査院検査、各府省が行う政策評価・行政事業レビュー[9]、財務省が行う予算執行調査、行政評価局が行う行政評価・監視等、予算のみならず多角的なレビュー機能が充実している点は自治体との違いともいえる。

もっとも、だからといって国会での決算審議が長期化し、決算案が可決された段階では既に数年が経過し、その審議した結果が結果的に予算に反映するのが困難な状況が望ましい状況ではないのはいうまでもなく、今後、適時適切なタイミングで決算が審議されることが期待されるところである。

注

1　平均給与額に基づく年俸をベースに共済や年金の雇用者負担分、退職金給与引当金相当額を加え、それを平均的な勤務日で割り戻した試算額
2　人件費、旅費、庁費など決まりきった経費を標準予算として整理し、査定は政策的経費に集中する査定上の仕組み（真渕　2009年、神野　2002年）。
3　「補正予算―財政節度保つ仕組みに」朝日新聞　2015年1月10日
4　平成26年度の補正予算のように、税収の上振れ分を財源に求めることもあるため、補正予算のすべてが「タガを外す」とは言い切れない。ただし、既に膨大な債務を抱えている我が国にとって歳出は慎重に検討されるべきであり、また財政法第六条では「剰余金のうち、二分の一を下らない金額は、他の法律によるものの外、これを剰余金を生じた年度の翌翌年度までに、公債又は借入金の償還財源に充てなければならない。」との規程があるわけだが、この規程を外して余剰金の大半を補正予算に費やすケースが多く、少なくとも財政法が想定しているタガを「外す」予算が組まれることになる。
5　収入と支出が計上される予算は、一つでなければならないという予算原則。18世紀の英国で、財政が特定収入と特定支出を結びつけた基金の寄せ集めとなっていたために、議会が予算を通じて財政をコントロールすることが困難であったことから、基金を一つの予算に統合することで統制を実現したことに由来する（2002　神野）。
6　例えば、昭和30年第24回国会の衆議院「議院運営委員会議事録第五号」（昭和31年1月25日）には「予算委員会が主として政治的な諸問題や、臨時的ないろいろな問題を取り上げて、与野党間の質疑が政府側に対して行われてきております。肝心の予算案の各款項目についての質疑というものは、予算委員会の最終の一日か、たかだか一日半くらい分科会を開いて、全くおざなり的な審議が進められておる状況であります。（中略）予算案款項目についてもう少し具体的に掘り下げて、予算案の正確を期していくような審議を進めることが、国会に負託された重大な義務ではないかと私どもは考えております。（社会党・井上良二議員）」との指摘が残されている。
7　全く存在しないわけではない。（真渕　2009年）によれば、1977年度予算で予算委員会の枠外で実質的な修正が行われたほか、1996年度予算において予算総則に1条追加される形式的な修正も行われたケース等があるという。
8　参議院HP　参議院のあらまし・今日の参議院の活動　決算の審査
　http://www.sangiin.go.jp/japanese/aramashi/ayumi/sinsa.html（2015年3月現

在）を参考に整理。
9 各府省自らが、5,000 を超える国の全ての事業について、概算要求前に、前年度の執行状況（支出先や使途）等の事後点検を行い、事業内容や目的、成果、資金の流れ、点検結果などを書いた各府省共通のレビューシートを作成、公表するもの（内閣官房行政改革推進本部事務局 HP より）。

■参考文献

- 池田信夫「予算の「仕分け」は予算委員会で」『エコノＭＩＸ異論正論』ニューズウィーク日本版 WEB　2010 年 04 月 29 日　CCC メディアハウス
  http://www.newsweekjapan.jp/column/ikeda/2010/04/post-170.php（2015 年 10 月現在）
- 議院運営委員会　昭和30年　第024回国会　第5号　議事録(1956年1月25日）
- 財務省　財政統計（予算決算等データ）HP
  2. 予算及び決算の分類（1）主（重）要経費別分類　第 19 表（2）
  http://www.mof.go.jp/budget/reference/statistics/19b.xls　（2014 年 3 月現在）
- 神野直彦　2002 年「財政学」有斐閣　p.94、pp.125-127、p.129、pp.132-133
- 内閣官房行政改革推進本部事務局　行政事業レビュー HP
  http://www.cas.go.jp/jp/seisaku/gyoukaku/review.html（2014 年 3 月現在）
- 真渕勝　2009 年「行政学」有斐閣　pp.210-215、266-267

第9章

新しい予算要求の仕組み〜展望

1 予算と事業

　予算は金額によって表示される。歳出予算については、その金額が原則として上限となり、予算統制がなされるが、歳入については、その縛りはない。

　歳入については、その金額を上限とする意味はなく、予算を超えて増収となることは歓迎される。それでは、収入の下限としての統制手段をすることも考えられるが、税収が景気に強く影響を受けたり、住民の利用に収入が増減することを考えると、現実的ではない。しかし、一定の歳入予算項目は予算額の確保努力は求められている、と考えられる。

　一方、歳出については、法制度上、項の流用増を原則禁止している。この場合、あくまで項の金額であり個別の事業費ではない。

　実は、商品やサービスにおいて、金額はその価値における要素の一つである。例えば、同じ種類の商品の中でも価格も様々なものが売れている。もちろん、質の見合いもあるが、消費行動とは人間の欲求を満たすことであり、広い意味では、行政サービスはその性格も持っている、と考えられる。

　これまでの予算要求、査定の課題の一つは、増減率や額にフォーカスされるとともに、計上された費目における目的のみの成果で見られることである。

　様々な目的を含む事業について、複数の費目に計上できればよいのだろうが、それは、現行の財務会計の制度から難しい。このため、マトリックス予算方式なども一部試みられているが、実効性の観点からか、広がっていないようだ。

予算の発表にあたって、政策を中心に、人件費は別としても、予算額がゼロである事務事業でも重要なものであれば取り上げて、新年度にどのような施策を展開しようとするのかを説明することが効果的ではないだろうか。

　そもそも予算要求時点において、すべてを定量化しようとするが、事業環境などの条件を正確に予測することは難しく、どうしても不確実性が伴う。このような予算編成の制約について、共通認識を持ちたい。そして、当初予算には、事業の性格によって、概算の数値による事業の枠取りを行い、執行段階において、ブラッシュアップした事業計画を策定するといった柔軟な措置をとることも、生きた予算にしていく知恵ではないだろうか。

2 予算要求の所管

(1) 組織と事業

　各原課は、自分の組織の予算事業の目的を達しようとするが、他課のことは深く考えない傾向が強い。全体を考えるのは、財政当局におまかせという構図になっている。実は、各原課の事業も単体独立にあるわけではなく、強弱はあるにせよ、対象者が共通しているようなことも含めて相互に関係にある。職員も幅広い視野を持つことが求められる。

　予算要求においては、「A課⇒Aに係る事業」というのが今の図式である。ある課題があるとして、A課の所管の範囲内だが、他に優先するべき事業があるとの判断があり、予算要求をしなければ、当然、その課題の対策は、予算化はされないことになる。

　現行の制度では、首長の特別の指示がない限り、原課が予算要求しない項目について、予算化されることはまずない。しかし、原課が所管分野の課題をすべて検討して、事業の取捨選択をする、ということは実際のところ可能なのだろうか。もちろん、そのために計画があり、世論調査、さらには、議会の審議の中から、解決すべき課題（行政課題）を選択していくということではあるが。

(2) 他部局からの予算要求

　過疎地域においては、買い物弱者、独居老人、空き家などが共通の課題となっているが、これは大都市の中でも起こりえるし、現に発生

している問題である。これらの課題は、地域の疲弊が諸側面にあらわれた結果ということができる。

　事業構築は、縦割りで一つの所管部局だけで考えるのではなく、関係部局と連携して、多面的、立体的に地域全体をみることが大切だ。地域にあらわれた課題の底流にあるものをとらえ事業化をしようとすれば、予算事業は横断的にならざるを得ない。財源は限られており、予算は要求額まではなかなか認められない。しかし、原課から本来やるべき事業の予算要求が行われないことも問題である。財政当局も財源が厳しいので、「要求ないところに予算なし」と積極的には動かず、このことが問題として顕在化することはまずない。

　現在、新しい政策課題について、首長の指示などによって、部局間で話し合い、この中で、事前に所管を決めることは行われている。

　翻って条例の提案を考えてみると、理事者側だけではなく、議員側も可能である。最近の議員提案条例の動向をみると、空き家対策条例、乾杯条例など、新しく浮上した横断的な課題が多い。

　各部局が、施策を推進する上で必要と思う他部局の関連事業について、予算要求することはできないだろうか。また、これが困難であるなら、その所管と見込まれる部局に、予算要求することを要望する、という手法もあり得るだろう。現に、政令市において区役所から本庁所管部への予算要求の要望といったものは実現しているところである。

　次に、地域の困り事について、その対策を求める市民は「予算要求」はできないだろうか。このような市民の要望は、それまでの議会の審議やアンケート、さらには、関係団体などからの予算要望などで、十分、行政の理事者側に届いている、という前提があると思われる。短期集中型の予算編成において、市民が直接的に予算要求するという仕組みは、手続き的にも難しく、志木市の市民委員会など数少ない事例があるに過ぎない。

　ひとつの工夫として、それぞれの分野の予算の中に、市民公募型の事業を行う枠を確保して、透明性、公平性に十分留意した事業の採択を行うことは、可能ではないか。

3 予算の成果

(1) 予算は製造物

　今年度と前年度で同じ事業内容で予算金額も同じだったとしても、最終的な成果が異なることがある。苦労して仕上げた予算については、そのままで所期の成果が得られるという期待があるだろうが、必ずしもそうはいかない。それは、事業というものは、市民からの信頼、担当者の熱意、組織のマネジメントなどによって、大きく様相が異なることがあるからだ。

　図9－1で示したように、これまでの予算は、漏斗（ろうと）の中にあるインプットとして事業費の確保に最大限の注力をしてきたが、実際の事業の執行にあたっての「執行ノウハウ」「市民理解」「(担当

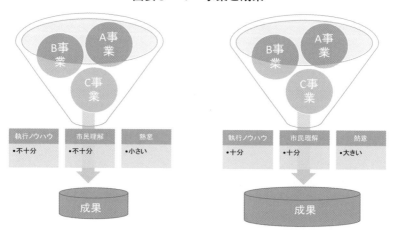

図表9－1　事業と成果

図表9-2 予算のPDCAサイクル

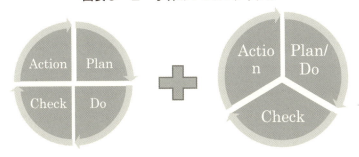

者や市民の)熱意」によって、成果が大きく影響を受ける、ことになる。したがって、このプロセスをいかに充実させるかが、予算要求の時点から念頭におくことが重要だ。

換言すると、PDCAサイクルでいうと、これまで予算編成はPlanであり、Doは予算執行というとらえ方のみだったのだが、これに加えて、PとDは、重なっている部分があると考えることも有効ではないか（図表9-2）。

予算事業は、教科書の中にあるような静態的な事例ではなく、多くの関係者による共同作業とでもいうような、「製造物」であり、単に設計図があっても、よい製品は作れない。この製造、販売過程にも、市民の関わるが強く求められるということだ。いきおい、最初からの硬性の設計図ではなく、柔軟な設計図が求められるゆえんである。

これらを図式で表わすと以下のようになる

> 事業の力＝行政＋市民力（理解、行動力、信頼）

(2) コーポレート・レピュテーション

各部局が、事業の必要性からその成果の検証まで、1年を通してマネジメントサイクルを回し、その中で、必要でかつ厳選された予算の要求がなされ、編成されている、と考えられる。

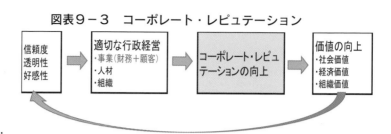

図表9-3　コーポレート・レピュテーション

|社会価値|市民福祉の向上、協働の推進、地域再生
|経済価値|コスト節減、適正負担、持続可能な財政
|組織価値|積極的な組織文化、革新能力、人材の獲得

　しかし、このような取り組みだけをしていれば、十分というものではない。現在の予算の運用に際して、その自治体、組織、職員がどのように行動しているかが、大きく影響する。ある不祥事が発生したとたん、自治体に多くの批判が寄せられ、住民の負担を求めるような事業や使用料の改定、税金の収納対策などが難しくなる、ということは珍しくない。

　これを考えるには、企業の評判をマネジメントする「コーポレート・レピュテーション（CR）[1]」の考え方が参考となる。CRとは、「経営者および従業員による過去の行為の結果、および現在と将来の予算情報をもとに、企業を取り巻くさまざまなステークホルダーから導かれる持続可能な競争優位」（櫻井　2011年）と定義される。

　CRを市場における競争優位に結びつけ、収益性を増大させる経済価値のある資産だと特徴づけられる。

　行政においては、金額表示による予算を最も重視し、行政評価も効果測定のベースにしている。しかし、これに加えて、現下の厳しい時代こそ、組織、人材、情報、ネットワークをはじめとした見えない資産を再評価していく作業が必要ではないだろうか。

　自治体は、住民などステークホルダーとのパートナーシップ、目標に向かって協働を育む調整力、対立を超えて合意に導く牽引力が重要になる。この基礎になるものが自治体の信頼であり、これを強化する

にあたって、CR の概念は有効だ（図表９－３）。

　また、CR によって、自治体内部のマネジメントを可視化するとともに、自治体の「見えない資産」を意識し、財源の制約に対抗する道筋を見出すことはできないだろうか。

4 民間の力を生かす予算

　補助金については、見直しの指針が示されるが、これまでは、どのように活用していくかの視点は少ない。補助金が行政と住民との協働のツールとしてもっと積極的に位置づけられてもよいのではないか。

　公共は官、プライベートは民と行った二分法では対応し得ないように公共圏は変わってきており、新しい課題に対応し、官と民の橋渡しをするツールとして、補助金を再定義するようなことが今求められている。

　そのためにも、現状の補助金のあり方の問題点は整理しておく必要がある。

　まず、補助金の見直しの方向を見ていくと、おおよそ次の3つにまとめられる。

- ・公募制の導入
- ・交付基準を明確にする
- ・補助金を評価・審査する体制として第三者機関の設置[2]

次に補助率の基準については、次のように設定されることが多い。

- ・行政が自ら負担し、実施すべき事業……100%
- ・行政及び団体等が協働で実施すべき事業……2分の1以下
- ・行政が施策を推進するための動機付けや奨励的、資金援助的に補助する事業……2分の1以下の定額

　先述したように、何が行政の業務なのか、守備範囲なのか、簡単に確定させるのは難しい。そこに公共的な課題があって、誰が解決するべきか、個々によって異なる。例えば、A市は、これから空き家対策に力を入れると考えていたとして、折しも空き家対策を行う民間団

体が数人のスタッフによって新たに設立された。この団体に人件費を含めた活動費を補助することはできるだろうか。この場合、正確なコスト計算が前提だ。行政がもし二人体制のチームを新設することを考えているとしたら、その総額の人件費は、団体の経費を上回るだろう。

　新規事業を企画する場合には、補助事業で行うことはできないか、について検討するべきだ。新たに事業を起こせば固定的な経費になっていくし、コストも補助事業に比べて大きくなる。

　また、既存の事業でも、補助金に移行できないかを検討する。一時期、官民競争入札制度である市場化テストが注目されていたが、今は行政評価シートで人件費も加算した事業費も明らかになっているので、行政が直営で行うことが望ましい事業、内部的な業務、及び庁内の関連業務が多い事業を除いて、ある程度単独で執行可能な事業について補助事業移行を検討してみてもいい。

　行政経営の中で、委託、補助、負担、直接執行という事業の支出の形態があるが、区分けをすること自体に本質はない。なぜなら、公共は、あらゆる主体が担うことが可能であって、最も効果的に成果が上がればよいからである。直接執行といっても、依頼した外部の専門講師については、謝礼を払って、その点では、正式な意味ではないが部分「委託」をしているものであるし、印刷製本費でも、印刷会社に印刷業務を「委託」している性格を持っている。

5　仕組みづくり

　先に、企業誘致の予算について言及したが、地域の人件費と地価の安さで進出する製造業を誘致したとしても、それだけで、将来にわたって地域に居続けることが保証されるわけではない。

　金銭的な条件だけではなく、それを支える仕組みが重要になる。組織、人こそ、持続可能な仕組みのベースになる。

　この一方、企業の社会的貢献活動も拡大している。東日本大震災において、必要な物資の提供などでみられたように、地域や国内外への貢献を考えているところが増えてきている。

　これからの自治体は触媒の機能を担い、人や団体、民間の活動を相互につなげ、化学反応させる。すなわち、コーディネートや環境整備の業務のウェイトを高めていくべきだろう。

　仕組みづくりとは、図表9－4にある3要素を組み合わせたものと考えることができる。よくいわれる制度化だけでは、十分に機能しないだろう。

　誰が、どのような役割を担い、カウンターパートは○○さんで、△大学の◎◎教授をアドバーザーとし参画をしてもらい、財源の一部は、連携する商店街から負担を求める、といった仕組みづくりを要求して、

図表9－4　仕組みづくりの3要素

制度化 ✕ 主催者の情熱 ✕ 関係者のコミット

システム　　リーダーシップ　　フォロワーシップ

図表9-5 仕組みのサポート

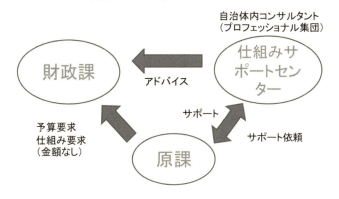

　それが認められたら、一定の予算枠取りを行う。
　これのような仕組みづくりは、実は、身近で行われている。何かの事業を行う場合、まったくゼロから生み出すのでなく、〇〇協議会などで官民の代表者などが集まって、協議をしており、その中で出された構想を実現しようとすることも多いのだ。この動きを公式の流れの中に位置づけようとするものである。
　仕組みづくりを支援する庁内の機関として、仕組みサポートセンター（仮称）といった庁内シンクタンクを設置する（図表9-5）。センター長を幹部級として、構成員は外部公募と庁内公募と推薦による。
　このような制度を作るのが経費や定数の面から難しいとすれば、まず、資質のある職員をその職場に在籍しながら、「アドバイザー」登録をしてもらう。例えば、語学ができる職員を登録すれば、国際イベントで海外からの来客がある場合の通訳などをすぐに手当てすることができる。また、派生効果として、特技、資格を持っている職員の活用と本人のキャリアプランを支援することにもつながる。組織の人的資源をいかに活用するかで、行政経営のクオリティは大きく差が出るだろう。
　仕組みサポートセンター（仮称）に、各分野の専門知識を持っている職員が登録され、必要に応じてアドバイスしたり、若手職員などの問い合せや相談に応じるといったものである。

6 機動的な予算の作り方

　予算は、これまで決まった固定的な不動の政策の塊、といったイメージではなかっただろうか。
　N年度の予算は、最高のパフォーマンスを実現できるよう前年度N-1年度に編成され、議決を受けたものである。時代の動きは早い。特に、ITなどの技術の変化のスピードは早い。実際の予算編成から予算の執行まで1年近くの時間が経つことが多くなるが、予算の見積もりの前提が変わることもあるだろう。
　さらに、市民はサービスの受け手から担い手にもなる。
　予算は一度作り上げたら、変えることができない不磨の大典ではない。それは、行政と市民の共同作業という性格も強くなってきている。
　そこで、時代の動きや市民の力を生かしていくために、当初予算の内容を変えない「硬性予算」だけではなく「軟性予算」の考え方も取り入れていくべきではないか。これには二つの方法がある。
　一つ目は、補正予算の積極的活用である。当初予算の内容はその時点でのものであり、新たな事情が生じたら、予算の補正を積極的にしていく。これには、当初のシーリングの枠の効果を少なからず減じることになるのは否定できないが、問題は、予算要求ルールを厳格に守ることではなく、いかに時代の変化などを踏まえた相応しい施策を展開できるかである。
　二つ目は、当初に概括的な内容で一定の予算枠を確保しておき、事業計画ができた段階で順次事業化をしていくものである。

注
1 櫻井通晴著 2011年『コーポレート・レピュテーションの測定と管理―「企業の評判管理」の理論とケース・スタディ』同文舘出版 及び大西淳也「管理会計のレピュテーション・マネジメントと行政の信頼性」『信州大学経済学論集』2008.11-12を参考にしている。
2 大杉覚 2006年「自治体補助金改革と行政評価の課題」『会計検査研究』No33

あとがきにかえて

　20世紀は、ものごとの正解やゴールが決まっており、そこにいかに早く到達できるかのレースだった。このような模倣型まちづくりは終わりを告げたはずだ。しかし、まだ、日本各地で従前の形で"青い鳥"を追いかけたり、色々な場面で逡巡している姿が散見される。そして、社会のあらゆる局面において護送船団方式は終わった。一つひとつの「船」が自ら航路と速度を定めていかなければならない。
　我々の進む方向は、生活の質の向上、クオリティ・オブ・ライフ（QOL）の追求と言われている。健康で長生きすることや環境共生型社会の推進である。これは中央への一極集中化では難しく、地方において、多くの人々の知識と経験を生かした参加による取り組みが不可欠である。
　少子高齢社会において、人々の安全安心な暮らしを考えていくと、これまでは、公共エリア圏のエッジ（縁）と観念されて、活動が拡大する公共エリアの内に取り込まれていく。この一方、クラウドなどIT環境の急速な変化により、個人の社会的起業家の参入コストが低下して、これまで行政に限られていたような活動が、今後は、民間も可能になるなど、選択肢が広がっている。例えば、被災地域への募金活動は民間レベルでも積極的に展開されている。社会の課題をビジネスの中で解決していくソーシャルビジネスも各地で広がっている。また、大企業が社会貢献事業に積極的に取り組むように、企業活動に公益（ベネフィット）を重視することが増えてきている。このような環境の構造的変化に行政は遅れてはならない。行政をよりオープンな組織にして、組織の内外との連携を深めていくことが重要だ。
　公と民の連携は、公自身が多様性を持つことでもある。そうなると、ある課題に対して、「正解は一つ」といったことが成り立たない場合が多くなってくる。
　この中で華々しくスタートをきった事業でも、数年後には、廃止や

形だけ残っているようなことがある。これには、首長の交代によることも多いが、事業を所管する組織において、継続するための熱意、体制が途絶えることが理由であることも少なくない。熱心な担当者がいるうちは続いていたが、担当者が変わった後は、方針も変わり、あまり力が入っていない、という話が聞かれる。

　自治体では、膨大にある政策課題について、様々なプロセスによって、事業化をはかるものであり、そこに、担当者又は組織全体のパッションが占める割合は決して小さくない。もちろん、単なる意欲だけで事業化が左右されるべきではなく、客観的な必要性に基づいて選択がなされるべきではあるが、裁量性も当然認められる。

　事業化の後は、事業を推進、評価する体制の構築が重要である。このためには、条例や規則による制度化などによって、誰が担当となっても、事業を進める環境、条件を作っておくことや、関係部局が集まる推進組織や、事業を推進するための担当者を各職場に配置することでもある。また、NPOのような非営利組織によって、事業の枠組みに着目した評価を行って、ホームページなどによって公表する、という手法もある。

　このように考えると、予算編成における予算要求の取り組みは、事業サイクルの一局面を切り取ったものであり、全体で成果を生み出していくことが大切である。事務の省力化、効率化できるところはどんどん進めていくべきだ。

　しかし、予算要求の具体的な手法というのは、これまで、各自治体の財政当局が連綿と続いた歴史の中に決められた査定の考え方があり、その裏側という位置づけで捉えられてきたものであり、また、全国の自治体を概観した手法や方向の整理はなかったと思われる。

　担当者は、前年度の要求資料や前任者からの引継ぎをまず理解するのに時間を要する。さらに、毎年のように変わる予算編成手法の理解に頭を悩ませる。

　そこで、本書は、具体的にどこをどのように注意をすればよいのか、情報をどのように入手していけばよいのか、さらに、具体の積算方法

といった、まさに、予算要求の担当となった場合のマニュアルを中心に、基本的な概念や将来方向をあわせてまとめたものであり、「実践の書」として活用をしていただきたいと考えている。平成21年にまとめた『自治体の予算要求　考え方・作り方』の姉妹書という性格を持ってはいるが、それぞれが独立した内容となっている。今回も、小島卓弥氏（元総務省）に、第3章、第4章、第8章を担当していただいた。公共施設の問題は、これからの予算を考える上で避けて通れない大きなテーマとなっており、その課題と方向について、まとめていただいた。また、政府の予算編成をみることによって、自治体の予算要求などの特色が浮き彫りにされた、と考えている。

　また、本書は、学陽書房の川原さんに色々とお骨折りをしていただいて実現したものである。いつもの優しい的確なアドバイスによって、執筆を勇気づけてくれた。改めて感謝の意を表したい。

　本書については、直接の予算編成の場だけではなく、地域における事業計画などにも応用できると考えているので、様々な場面で活用していただければ、これ以上の喜びはない。

平成28年1月　　　吉田　博

■執筆者紹介

※吉田　博（よしだ　ひろし）［第1、2、5、6、7、9章］
札幌大学・札幌学院大学非常勤講師。元札幌市職員。1956年生まれ。1979年北海道大学法学部卒。札幌市役所に就職。財政、都市経営、オンブズマン事務局などを歴任。この間、北海道銀行派遣研修。著書に『自治体事業　考え方・つくり方』編著（学陽書房、2013年）『自治体の予算要求　考え方・つくり方』（共同編著）（学陽書房、2009年）、『拓銀破綻後の北海道経済＝地域再生と金融の役割』（共同執筆）（日本経済評論社、2008年）『実践！「自治体ABC」によるコスト削減』（共同執筆）（ぎょうせい、2006年）、『地方自治体の2007年問題』（共同執筆）（官公庁通信社、2005年）、『行政経営革命』（共同執筆）（ぎょうせい、2003年）、『公務員のカスハラ対応術』編著（学陽書房、2019年）など

※小島卓弥（こじま　たくや）［第3、4、8章］
株式会社NTTデータ経営研究所　社会システムデザインユニット　シニアマネージャー。1977年静岡県生まれ。2000年成蹊大学法学部・政治学科卒業、2002年中央大学大学院総合政策研究科博士前期課程修了。2001年大学院在学中にアドバンストビジネスマネジメント（現ABM）入社。2005年ウッドランド（株）コンサルティング事業部チーフコンサルタント、2007年フューチャーアーキテクト（株）経営企画室、2008年（株）アセンディア・コンサルティング事業部シニアコンサルタント、2010年6月総務省へ入省、行政評価局企画課専門官等を経て、2015年EYアドバイザリー・アンド・コンサルティング株式会社　マネージャー、2017年9月より現職。日本評価学会・理事（研修委員会・上級評価士認定小委員会担当）等も務める。2020年1月より浜松市行財政改革専門委員、2020年9月より日本公共政策学会学術委員会経済・財政査読小委員会委員長。著書に『公共施設が劇的に変わるファシリティマネジメント』編者（学陽書房、2014年）『ここまでできる　実践公共ファシリティマネジメント』編著（学陽書房、2012年）『自治体の外部評価』（学陽書房、2010年）など

自治体 予算要求の実務
──実践から新たな仕組みづくりまで

| 2016年2月25日 | 初版発行 |
| 2021年5月25日 | 5刷発行 |

著者　吉田　博・小島　卓弥
発行者　佐久間重嘉
発行所　学　陽　書　房
〒102-0072　東京都千代田区飯田橋1-9-3
営業／TEL 03-3261-1111　FAX 03-5211-3300
編集／TEL 03-3261-1112
振替　00170-4-84240
http://www.gakuyo.co.jp/

印刷／加藤文明社　　製本／東京美術紙工
装丁／佐藤　博
Ⓒ Hiroshi Yoshida, Takuya Kojima, 2016, printed in Japan
ISBN 978-4-313-12113-3　C2033
乱丁・落丁本は、送料小社負担にてお取り替えいたします。
定価はカバーに表示しています。